银发经济三十年

主　编：解忠信　吕　蕾
副主编：李青青　王　琛
顾　问：刘曰星　吕天宝
　　　　冯月岩　袁清水

山东大学出版社
SHANDONG UNIVERSITY PRESS
·济南·

图书在版编目(CIP)数据

银发经济三十年 / 解忠信，吕蕾主编. -- 济南 ：山东大学出版社，2024. 7. -- ISBN 978-7-5607-8444-1

Ⅰ. F126. 1

中国国家版本馆 CIP 数据核字第 2024HU5388 号

责任编辑　李　港
封面设计　王秋忆

银发经济三十年

YINFA JINGJI SANSHI NIAN

出版发行　山东大学出版社
社　　址　山东省济南市山大南路 20 号
邮政编码　250100
发行热线　(0531)88363008
经　　销　新华书店
印　　刷　济南乾丰云印刷科技有限公司
规　　格　720 毫米×1000 毫米　1/16
　　　　　12.25 印张　176 千字
版　　次　2024 年 7 月第 1 版
印　　次　2024 年 7 月第 1 次印刷
定　　价　60.00 元

前 言

经济学之父亚当·斯密在其所著的《国民财富的性质和原因的研究》中明确指出，经济主要包括产品的生产、分配、流通和消费。伟大的革命导师卡尔·马克思在其所著的《政治经济学批判》序言中也明确提出，社会经济生活包括生产、分配、流通、消费四大过程。供给、需求、分配与流通构成了经济活动的本质。可见，分配与消费是经济活动产生的基础，而分配与消费对经济影响的大小，则依赖于群体的数量和规模。

上海社会科学院出版社所出《银发经济概论》指出，人口老龄化已成为全球趋势。在这一大背景之下，中国人口老龄化也日趋严重。人口老龄化催生了银发经济。发展银发经济、实现宏观上的积极老龄化，已经成为许多国家追求的目标。世界卫生组织也一直提倡积极健康的老龄化，并就如何把人口结构的变化转变为经济与发展的有利因素展开了讨论，采取了相关措施予以推动。

我国高度重视银发经济的发展。党的二十大报告明确指出，推进健康中国建设。实施积极应对人口老龄化国家战略，发展养老事业和养老产业，优化孤寡老人服务，推动实现全体老年人享有基本养老服务。《"十四五"国家老龄事业发展和养老服务体系规划》强调，大力发展银发经济，推动老龄事业与产业、基本公共服务与多样化服务协调发展，努力满足老年人多层次多样化需求。习近平总书记在2023年12月召开的中央经济工作会议上明确提出，明年要围绕推动高质量发展,突出重点,把握关键,扎实做好经济工作。切实保障和改善民生。加快完善生育支持政策体系,发展银发经济,推动人口高质量发展。

本书在老龄化背景下,就银发经济相关内容进行了探讨。探讨银发经济必须回答以下几个问题:第一,什么是银发经济?第二,发展银发经济的意义何在?第三,银发经济发展的形势与趋势。第四,银发经济发展的现状与面临的问题。第五,银发经济发展的实践模式。第六,银发经济的社会关联。第七,银发经济发展的政策与机制。第八,银发经济的推动与发展。前两个解决“是什么”“为什么”的问题,是研究银发经济的基础;三、四回答“怎么走得好、走得成”的问题,是寻求发展路径和方向;五既是解剖麻雀,也是探索实践,寻求经验总结;六、七是发展环境的问题,即发展银发经济的必备要素支撑;八是发展银发经济的主要抓手和着力点。总体上,本书从理论、形势、实践与发展四个角度探讨和分析了银发经济。

之所以研究“银发经济三十年”,原因在于未来三十年是银发经济发展的黄金期。据预测,到 2035 年,我国老年人口将突破 4 亿人,占总人口比重 30%左右。到 2050 年,老年人口将突破 4.5 亿人,占总人口比重 40%左右。2035 年我国银发经济规模将超过 21 亿元,2050 年将超过 63 亿元。据《国家应对人口老龄化战略研究总报告》分析,2036~2053 年将是我国人口深度老龄化阶段,老年人口数量从 4.23 亿人增至 4.87 亿人的峰值。因此,未来三十年,银发经济将成为继新互联网及科技时代来临后的新风口。

虽然从发展角度看,银发经济才刚刚起步,尚未形成完整的理论体系与架构,也未形成完整的学科与分支,但从产业实践的角度看,该领域已积累了许多探索与经验,值得梳理和归纳。正是基于这一点,我们才予以研究与分析,以期为银发经济的发展带来启迪和促进。

解忠信　吕　蕾

2024 年 6 月

目　录

理论篇

形势篇

实践篇

发展篇

展望篇

理论篇

第一章　人口相关理论

银发经济(silver economy)的发展与人口发展的基本规律、人口年龄结构、人口转型和人口老龄化之间存在着紧密的联系。人口出生率和增长率均随着经济发展水平提高呈现明显的倒“U”形发展态势，人口老龄化是人类社会经济发展的必然趋势，人口转型是经济社会发展进步的产物。人口发展的基本规律、人口年龄结构的变化、人口转型和人口老龄化推动了银发经济的发展。

一、人口发展基本规律

人口自身有其变化规律，但又与社会、文化、经济和政治等诸因素相互影响和相互作用。从人类发展历史看，人口发展具有很强的时代特征和内在演变规律，不同时期的人口发展水平对经济社会影响有着本质差别，是事关国家兴衰和民众福祉的基础性、全局性和战略性问题。

1. 传统社会人口发展特征与近现代社会人口发展规律

从世界人口发展史来看，人类人口发展大致可以划分为两大阶段：一是传统农业社会时期，人口发展表现为高出生率、高死亡率和低人口增长率，且与朝代更迭的历史周期律和较低的社会生产力水平相对应,传统农业社会各国人口表现出很强的周期性波动发展趋势。二是工业化时期,人口发展表现为出生率和增长率呈现先升后降的倒"U"形发展态势,即进入近现代社会之后,随着生产力水平大幅提高和社会保障制度日渐完善,传统生育理念发生了重大变化,各国人口发展呈现先升后降的发展特征,工业化早期人口发展呈现高出生率、低死亡率和高人口增长率特征,工业化中后期出生率、死亡率和自然增长率均大幅下降,到后工业化时期的高收入发展阶段,人口发展呈现为低出生率、低死亡率和低人口增长率状态。

(1)传统农业社会人口发展特征:大幅度周期性波动

在传统农业社会,由于生产技术水平相对较低,也没有较为高效的生产组织方式,经济社会发展主要依靠提高人口数量来增加人力。统治者为增加赋税,一般都采取鼓励生育的政策,人口发展的重要特征是维持较高的生育率。但由于医疗水平低,且自然资源和社会资源的总体承载能力有限,加上受战乱、自然灾害和瘟疫等影响,传统农业社会的人口死亡率尤其是婴幼儿死亡率一直居高不下,人口预期寿命较短,人口自然增长率较低,且人口发展的抗风险能力较差。一旦受到社会动荡、自然灾难、瘟疫等突发因素冲击,人口就会快速下降,致使人口表现出较大幅度的周期性波动。

(2)近现代社会人口发展的规律:倒"U"形演变

传统农业社会生产发展和国力提升主要依靠人口增长,在进入工业化社会后,随着经济发展、社会稳定,以及医疗水平的提高和家庭收入的增加,生育条件得到明显改善。由于受传统农业社会生育思想的影响,在工业化社会早期,国家和家庭依旧选择积极生育,社会人口发展进入高出生率、低死亡率和高增长率阶段。但随着工业化进程的不断加深,收入水平持续提高和社会保障制度日渐完善,各国生育率和人口自然增长率又都会趋于下降,在达到高收入阶段后各国进入低出生率、低死亡率和低增长率阶段,部分高收入国家还会出现人口规模绝对减少的现象。

工业化与现代化进程中人口发展的倒“U”形走势是各国人口发展的共同现象。英国是最早开始工业革命的国家，也是人口倒“U”形发展的早期典型国家。英国经济学家马尔萨斯针对英国工业革命后出现的人口快速增长，于 1798 年提出了关于人口发展的“马尔萨斯陷阱”，即传统农业社会人口按几何级数增长，生活资料按算数级数增长，收入水平提高、生活条件改善会引致人口增长，人口增长最终会超越土地资源的生活资料承载力，收入水平和社会发展水平会再度下降到原来的低水平。但工业革命中后期，英国人口与社会发展最终突破了“马尔萨斯陷阱”约束，1876 年后英国人口出生率开始下降，死亡率和自然增长率也同时不断下降，人口发展进入了工业化中后期出生率、死亡率和自然增长率均持续下降的阶段。1973 年，英国人口出生率、死亡率和自然增长率分别降至 1.39%、1.19%和 0.19%，人口发展进入了高收入时期低出生率、低死亡率和低人口增长率阶段。

现代社会人口倒“U”形发展现象受发展水平和人口政策不同的影响，各国达到人口出生率和自然增长率峰值的时间不同。从人口发展总体情况来看，各国总的生育率、出生率和增长率均随着经济发展水平提高呈现明显的倒“U”形发展态势。

2. 人口老龄化是人类社会经济发展的必然趋势

人口与经济社会发展之间存在相互依存又相互制约的复杂关系，在不同发展阶段有不同的影响。在经济发展水平较低时，收入水平提高会刺激人口出生率和增长率上升，但人口增速提高又会直接降低人均收入水平，摊薄人均社会资源，挤占资本积累，导致经济增速下降，形成一定程度的“马尔萨斯陷阱”现象。经济发展到较高水平后，进入人口发展倒“U”形演变的增长率下降期，各国均会突破“马尔萨斯陷阱”制约，前期快速增长形成的人口规模会演变为后期劳动年龄人口规模扩大、占比提高的人口红利，推动经济快速增长，形成人口适度增长与经济快速增长的良性循环。而人口增速下降具有很强的惯性，最终会陷入人口低速增长甚至负增长状态。人口长期低速增长会不可避免地导致人口快速老龄化。

人口老龄化是老年人口在全部人口中的比重不断提高的过程。人口老龄化作为人口年龄结构变化的一种过程和趋势，受到人口出生、死亡和迁移的影响，出生率和死亡率从高水平向低水平的迅速下降是引发人口老龄化的重要因素。经济增长带来生存条件改善，人类寿命得以延长，对劳动者素质要求也随之提高，人们由追求生育的数量转变为追求生育的质量，人口再生产类型由传统的高出生、高死亡、低增长，向现代的低出生、低死亡、低增长转变。出生率的降低使得新出生人口规模缩小，低年龄人口在总人口中的比重相对减少，死亡率的下降、人口平均寿命的延长又使得老年人的规模及其在总人口中的比重不断增大。所以从根本上说，社会经济的发展是人口老龄化的内在因素，人口老龄化是社会经济发展的必然趋势。

世界人口的发展历程很好地佐证了这一人口趋势。人口老龄化率先在经济较发达地区出现。19 世纪后半叶至 20 世纪前半叶，法国、英国、德国等欧洲国家在工业化、现代化的过程中迅速发展，人口的生育率、死亡率迅速下降，65 岁及以上老年人口在总人口中的比重陆续达到 7%（即联合国认定的老年型人口标准）。随后，北美洲、大洋洲的国家和日本等陆续进入老龄化社会，而一些拉美国家和亚洲“四小龙”的人口也在经济腾飞的过程中逐渐老龄化，很多发展中国家到 21 世纪中叶也会陆续迈入老龄化的阶段。

二、人口年龄结构和人口转型

1. 人口年龄结构及其类型

人口年龄结构（age structure）是指一定时点、一定地区各年龄组人口在全体人口中的比重，通常用百分比来表示。人口年龄结构是最基本的人口结构，是社会构成的一部分。

国际上通常根据一个国家或地区的老年人口系数、少年儿童人口系数、老少比和年龄中位数来判断一个社会的人口年龄结构类型。人口年龄结构类型有三种，即年轻型、成年型和年老型（见表1-1）。当社会人口中 0～14 岁人口占总人口的 40%以上时，被称为“年轻型人口结构”；当 0～14 岁人口占总人口的 30%～40%时，被称为“成年型人口结构”；当 0～14 岁人口占比在 30%以下，64 岁以上人口占总人口的 10%以上时，被称为“年老型人口结构”。联合国规定，老年人口的年龄起点为 60 岁或 65 岁。但随着人类寿命的不断延长，大多数国家现在都以65 岁为界定老年人的年龄起点。老年人口系数是指 65 岁及以上人口在总人口中所占的比例；少年儿童人口系数是指 0～14 岁人口在总人口中所占的比例。老少比也叫“老化指数”，是指总人口中老年人口数与少年儿童人口数之比。

表 1-1　划分人口年龄结构类型的标准

年龄结构类型	老年人口系数	少年儿童人口系数	老少比	年龄中位数
年轻型	5%以下	40%以上	15%以下	20 岁以下
成年型	5%～10%	30%～40%	15%～30%	20～30 岁
年老型	10%以上	30%以下	30%以上	30 岁以上

人口年龄结构随社会发展而变动，年轻型人口结构反映社会发展落后、经济水平低下，出生率高、死亡率低，人口预期寿命短，青少年人口多，生育潜力大，人口数量会随着年轻人口年龄的增长而增加；成年型人口结构体现经济社会进一步发展，劳动力资源充裕，社会负担轻，除高龄老年组外，多数年龄组人数或比重差别不大，由于少年儿童人口系数和老年人口系数适度，人口增长速度趋于零；老年型人口结构则彰显了社会的文明发展，人口寿命延长，老年人口多，人口增长的潜能将下降，人口可能出现负增长。我们常说的“人口年轻化”和“人口老龄化”就是指社会发展过程中人口年龄结构类型的变化趋势，它从

动态的角度说明人口年龄结构转变的趋势，同时也是社会走向高度文明的自然趋向。

2. 人口再生产及其模式

人口再生产是人口学的核心问题之一，它关注人口是如何通过世代更替使人口数量和质量得以再生产，使人类得以延续、社会得以发展的。从世界的角度来看，人口再生产表现为人口出生率减去人口死亡率得到的人口自然增长率。当人口自然增长率为正值时，表现为人口增长；当其为负值时，则表现为人口减少。

人口再生产模式是指某一特定时期，由人口的出生率、死亡率所构成的人口自然增长率的稳定状况。从人类发展的历史来看，它分原始传统型、过渡型和现代型三种模式，这三种模式都与人类社会的发展类型相适应。

(1)原始传统型人口再生产模式

原始传统型人口再生产模式表现为人口出生率高，死亡率也高，两者相抵形成了稳定的较低的人口自然增长率。在原始传统型人口再生产模式下，人口增长缓慢、平均寿命短、世代更替迅速。它主要存在于前工业社会中。

(2)过渡型人口再生产模式

过渡型人口再生产模式表现为人口出生率高，人口死亡率下降，导致出现较高的人口自然增长率。在此模式下，人口增长迅速，平均寿命延长、世代更替变缓。这种模式主要出现在两个方面：一是工业革命后或资本主义前期的欧洲，二是第二次世界大战结束后的发展中国家。在这些时期，人口死亡率从4%～4.5%持续大幅度下降至0.7%～1%，而人口出生率保持在4%～5%的高水平，导致人口快速增长。虽然两个时期导致人口死亡率大幅下降的途径与机制不尽相同，但却达到了殊途同归的效果。

(3)现代型人口再生产模式

现代型人口再生产模式表现为低出生率、低死亡率和低自然增长率,人口出现零增长甚至负增长,人口平均寿命延长,世代更替缓慢。这一模式出现在社会生产力高度发达的国家,表现为人口出生率持续大幅度下降,达到1.5%以下,死亡率保持在1%左右,人口缓慢增长。

3. 人口转型

人口转型理论是对人口再生产模式的历史、现状与未来规律性的总结。1945年,诺特斯坦针对发达国家人口再生产模式的变化,总结了人口结构与经济发展水平之间的关系,完善了人口转型理论。人口转型是指人口再生产模式由高水平的人口均衡向低水平的人口均衡的转变,人口再生产经历了一个由高死亡率、高生育率和低人口自然增长率的模式经过低死亡率、高生育率和高人口自然增长率的模式转变为低死亡率、低生育率和低人口自然增长率的模式的全过程。

人口转型是人类历史上最重大的事件之一,也是经济社会发展和进步的产物。工业革命以来,经济社会的发展导致人口死亡率和出生率相继下降,但由于两者的下降之间存在时滞,世界经历了“低增长(Ⅰ)—加速增长(Ⅱ)—增长减缓(Ⅲ)—低增长(Ⅳ)”四个阶段的人口转型。第Ⅰ阶段通常是工业革命前的农业社会阶段,人口死亡率、出生率高;第Ⅱ阶段一般处于工业化的初中期,人口死亡率迅速下降,但由于人口惯性出生率通常难以随之下降;第Ⅲ阶段一般处于工业化的中后期,人口死亡率进一步下降,但下降速度减缓,而出生率没有随着营养条件的改善而上升,反而随着生育成本的上升而下降,这导致人口规模继续增长但增速放缓,这一阶段由于老龄化相对不太严重,配置合理的经济社会发展政策,可以挖掘“数量型人口红利”,因此社会经济仍能保持一定增长;第Ⅳ阶段一般处于工业化完成时期,人口出生率和死亡率在低水平上达到均衡,人口增长缓慢甚至下降,老龄化和少子化严重,这将对社会经济造成冲击。

三、人口老龄化

1. 全世界步入人口老龄化进程

人口老龄化是人口转变的必然结果，是21世纪人类社会共同面临的重要议题。按照国际上的一般标准，60岁及以上老年人口占总人口比重超过10%或65岁及以上老年人口占总人口比重超过7%即视为进入老龄化社会。这个标准是1956年联合国和1982年世界老龄问题大会所制定的，当上面两个指标分别超过20%和14%时，即代表进入深度老龄化社会。

1865年法国成为第一个进入老龄化社会的国家，此后越来越多的欧洲、东亚等地区的国家步入老龄化行列。自21世纪以来，全世界人口老龄化趋势明显，总体上已步入老龄化社会。联合国《世界人口展望2022》数据显示，2021年全球步入老龄化社会的国家和地区共132个，其中，深度老龄化社会73个，超级老龄化社会26个，摩纳哥、日本、圣赫勒拿（英属）、芬兰、葡萄牙、希腊、保加利亚、德国、马恩岛（英属）和拉脱维亚10个国家和地区的超级老龄化社会形态持续超过5年。目前，全球15个亿级人口大国中，中国是唯一老年人口规模超过1亿人的国家，老龄化水平仅次于日本、美国、俄罗斯，位居世界第四。综观全球，西方发达国家进入老龄化社会较早，引领全球老龄化社会前进的大方向，发展中国家紧随其后，决定全球老龄化社会发展的大趋势。

2. 中国人口老龄化趋势及特点

世界进入人口老龄化阶段，中国人口老龄化步伐明显快于发达国家，更快于全世界，展现出独特的特点。

(1)中国人口老龄化发展趋势

根据全国人口普查结果(见表 1-2),2000 年,中国 0～14 岁人口占比下降到 22.9％,65 岁及以上老年人口占比达到 7％,年龄中位数超过 30 岁,从此进入老龄化社会的行列。根据 2022 年联合国最新人口估计和预测数据,2025 年前中国 60 岁及以上人口比重将超过 20％,进入中度老龄化社会;2035 年这一比例将超过 30％,进入重度老龄化社会。从规模上来看,预测 2025 年中国老龄人口达到 3.1 亿人,2035 年达到 4.2 亿人,2050 年将突破5 亿人。国家统计局公布的数据表明,2022 年年末我国 60 岁及以上人口有 28004 万人,占全国人口的 19.8％,其中 65 岁及以上人口 20978 万人,占全国人口的 14.9％。我国老年人口规模和比重总体呈上升趋势,人口老龄化进程加速发展,高龄化趋势日益凸显。

表 1-2　中国人口年龄结构变化一览表

年份	各年龄段人口比例/％			总抚养比/％	少儿抚养比/％	老年抚养比/％	老少比/％	年龄中位数/岁
	0～14 岁	15～64 岁	65 岁及以上					
1982	33.6	61.5	4.9	62.6	54.6	8.0	14.6	22.9
1987	28.7	65.9	5.4	51.8	43.5	8.3	19.0	23.1
1990	27.7	66.7	5.6	49.8	41.5	8.3	21.0	25.3
1995	26.6	67.2	6.2	48.8	39.6	9.2	23.3	27.4
2000	22.9	70.1	7.0	42.6	32.6	9.9	30.4	30.8
2005	20.3	72.0	7.7	38.8	28.1	10.7	37.9	34.4
2010	16.6	74.5	8.9	34.2	22.3	11.9	53.4	35.9
2015	16.5	73.0	10.5	37.0	22.6	14.3	63.4	36.8
2020	17.9	68.6	13.5	45.9	26.2	19.7	75.4	38.4

续表

年份	各年龄段人口比例/%			总抚养比/%	少儿抚养比/%	老年抚养比/%	老少比/%	年龄中位数/岁
	0～14 岁	15～64 岁	65 岁及以上					
2021	17.5	68.3	14.2	46.3	25.6	20.8	81.3	39.6
2022	16.9	68.2	14.9	46.6	24.8	21.8	87.7	40.2

(2)中国人口老龄化特点

一是规模巨大。目前中国老龄人口数超过了日本总人口数，2025 年将相当于美国总人口数，2035 年将有超过 4 亿人。二是增长迅速。65 岁及以上老年人口占总人口的比重从 7%提升到 14%，大多数发达国家至少用了 45 年的时间(法国 115 年、瑞典 85 年、美国 79 年、英国 45 年)，而我国只用了 21 年。三是女性多于男性。国家统计局 2015 年发布的数据显示，我国 60 岁及以上人口男、女性比例为1：1.058，而女性老年人口的 60%都在 80 岁以上。四是地区失衡。中国的老年人口在地域上的分布极不平衡，东北地区、川渝地区、上海、江苏的老龄化程度相较于其他地区更为严重。五是城乡倒置。发达国家城市老龄化水平高于农村，而我国农村老龄化发展趋势比城市更迅猛。第七次全国人口普查数据表明，2020 年，我国农村和城市 65 岁及以上老年人口比重分别为 17.7%和 11.1%，农村比城镇高出 6.6%。六是未富先老。发达国家经济发展与老龄化基本同步(发达国家进入老龄社会时人均国内生产总值一般为 5000～10000 美元)，而我国进入老龄化社会时，人均国民总收入(GNI)仅为 840 美元，与同期老龄化程度相近的国家如韩国相比明显偏低，仅为韩国人均 GNI 的 1/10 左右，相较发达经济体而言呈现未富先老的特征。

3. 人口老龄化对经济发展的影响

社会经济的发展状况和人口之间是相互影响的。社会经济的发展是一个国家综合实力的体现，决定了人口的发展，反之，人口的发展也会影响社会经济的发展。人口老龄化直接影响的是就业人口的年龄结构，进而影响全社会劳动力的供给水平。人口年龄结构的变化也会对其他要素产生影响，根据经典经济增长模型，人口老龄化对经济发展的影响主要体现在劳动力供给、社会资本形成以及技术创新三个方面。

国外学者就人口老龄化对经济发展的影响进行了研究，结论分为正负两个方面。有学者认为，进入老龄化社会会导致公共支出规模与财政压力不断加大，政府可能通过增税来缓解，因此会影响经济增长；但也有学者指出，人口老龄化延长了人们的预期寿命，在降低人们对抚养后代的偏好的同时，使得人们更关注个体劳动生产率的提高，从而提高全社会生产率。大部分国内研究者认为人口老龄化会对公共财政及劳动力供给等产生负面影响，因此应该配套相应政策进行应对；也有部分研究者指出，人口老龄化在短期内会对产业结构升级产生不利影响，但长期来看会显著推动产业结构升级，并且人口老龄化会通过促进居民医疗保健消费、居住消费对产业结构升级产生正向溢出效应。

(1)人口老龄化通过社会劳动力供给影响经济发展

人口老龄化与少子化并存将会持续影响全社会可供投入的劳动力总量。随着老龄化程度持续加剧，越来越多的劳动力将逐步退出就业市场，未来相当长一段时间内，劳动力供给不足的现象会愈演愈烈，这将会影响社会的生产。当然，劳动力供给数量降低也会倒逼各类企业提升自身的技术附加值以减少对于人工的依赖，从而降低劳动力紧缺对企业发展带来的影响，并进而通过提高全要素生产率提升经济发展的质量。有国内学者通过研究发现，人口老龄化程度的加剧有利于推动经济高质量发展，其不仅会通过人力资本数量效应对经济高质量发展产生积极影响，还会通过人力资本质量效应推动经济高质量发展。此外，随着老年人口的大量增加，他们所需要的老年产品也将增加，因此，人口老龄化将通过需求效应、生产率效应和倒逼企业转变生产方式影响服务业的就业结构，从而加快第三产业的发展。

(2)人口老龄化通过社会资本形成影响经济发展

公共财政支出是影响经济发展的重要变量，人口老龄化会对国家的财政收支两方面产生深刻的影响进而影响资本形成。从税收的角度来看，人口老龄化意味着更多的人口退出劳动力市场，使得全社会个人所得税税基萎缩，企业也会因支出退休人员的工资越来越多而降低对财政的税收贡献，从而对财政收入产生负面影响；但是，老年人对健康医疗、保健品、养老护理服务等高层次服务消费的比例的提高，也会扩大上述行业的税基，从而有助于提高政府的财政收入。但从公共支出的角度来看，人口老龄化会对地区医疗资源的占用越来越大，会挤压公共支出。此外，人口老龄化通过储蓄的变化影响全社会资本的形成。老龄人口在基本生活消费支出刚性的情况下，医疗消费与保健消费会上升，伴随着老龄人口收入下降，边际消费倾向会上升。国内学者研究指出，老年人口抚养比越高，城镇居民平均消费倾向越高。因此，对于低收入家庭而言，由于老龄化引起的收入下降、医疗支出上升以及基本生活消费支出刚性等原因，会减少居民储蓄；对于高收入家庭而言，则会因需要应对老龄化阶段收入下降引发家庭预防性储蓄，反而对储蓄具有促进作用。

(3)人口老龄化通过技术创新影响经济发展

第一，老龄人口由于体力、精力等方面的原因，对新知识的学习能力下降，使得创新性行业总的知识水平下降。第二，专家型人才如果在较早的年龄退休，意味着其多年的知识积累无法传递给“新人”，存在巨大的知识浪费。第三，老龄人口消费能力下降之后，会降低某些行业的利润水平，进而影响企业在创新方面的投入。这些都会对技术创新产生负面影响，阻碍经济的发展。但反过来看，人口老龄化也会通过对消费的拉动以及倒逼企业提升生产效率来促进技术创新。一是老龄人口对于健康医疗的巨大需求会促进生物医药、医疗器械等领域技术创新;二是庞大的老龄人口对于照看护理的需求会促使企业增加在养老服务、科技养老辅助产品等领域的研发投入,推动健康护理等服务行业的技术升级;三是从倒逼的角度来看,人口老龄化带来的劳动力供给水平下降,使企业不得不用资本或者新技术替代劳动力进行应对,从而促进不同行业的全要素生产率上升,进而促进产业结构升级。近年来,数字经济与智能制造的飞速发展就是企业应对劳动力供给下降而主动创新的典型案例。

国内外学术界对人口老龄化研究的不同视角以及不同结论表明:人口老龄化是全世界人口发展的趋势,随着人口总量增加、老龄化进程加快,对人类社会经济发展带来巨大影响,但是这个影响未必就是负面的,关键是如何积极应对。对于中国来说,应坚持积极应对老龄化,全面开放养老服务市场,催生银发经济。而银发经济的发展有利于持续扩大内需,促进国内大循环、国内国际双循环,形成良性互动,将老龄风险转化为“长寿红利”,这是保持未来经济社会可持续发展的重要手段。

第二章 银发经济理论

银发经济是基于健康长寿和不断升级的消费需求与约束条件，组织生产、分配、流通和消费活动及其供求关系的总称。银发经济涵盖既有银发经济、增量部分和新兴行业，存量银发经济包括银发商品、银发服务和银发房地产三大板块，增量银发经济是随着银发人口定义的扩大和人群的细分所产生的既有市场拓展以及新商品和服务的开拓。银发经济具有综合多样性、年龄指向性、公共经济性及动态发展性等显著特征。发展银发经济对于促进经济结构转型、推动经济高质量发展意义重大。

一、银发经济的定义

1. 银发经济

经济是价值的创造、转化与实现，是对资源的管理，是对人们生产、使用、处理、分配一切资源这一整体动态现象的总称。在这一动态整体中，包含了人类的生产、储蓄、交换、分配的各项活动，生产是这一动态的基础，分配是这一动态的终点。

银发经济也可以称为“银色经济”。杨燕绥教授将银发经济概念引入中国，并将其定义为基于健康长寿和不断升级的消费需求及约束条件,组织生产、分配、流通和消费活动及其供求关系的总称。在此定义下的银发经济贯穿生产、分配、流通和消费所有领域,而不仅仅关注消费。中国古代就将50岁作为划分老年化的界线,因为过了50岁以后人在生理上会表现出新陈代谢放缓、抵抗力下降、生理机能下降等特征。最新的市场研究报告已经将银发人群定义为年龄超过50岁的人群,并认为在中国,“银发经济”是继“他/她经济”“母婴经济”后的又一个关注点。

欧盟定义的银发经济是指与人口老龄化和50岁及以上人口消费相关的新的经济机会,这些经济机会主要来自50岁及以上人口的消费支出,包括为此而增长的公共支出及其个人消费支出。《牛津经济学词典》则直接将银发经济定义为满足50岁及以上人口的需求的所有经济活动的总和,包括他们直接购买的产品和服务,以及由这些支出所引发的经济活动。由此可见,欧盟的定义强调的是50岁及以上人口的消费所带来的银发经济的增量新机遇。

我们可以将银发经济界定为50岁及以上人群的消费、围绕消费进行的产品和服务供给,以及与供需相关的分配和流通,涵盖银发经济相关的公共经济领域。银发经济虽然本身是个系统,涵盖了生产、消费、分配和流通所有环节,但其主体部分是生产的供给和需求基础上的消费,即银发产业和银发消费。鉴于银发经济发展在一定程度上与公共资金项目密切相关,因此对于银发公共经济领域的关注必不可少,如社会保障和保险以及财政投入。

2. 银发产业

银发产业可以分为产业组织和产业监督两部分,以既有产业为基础,具体可以分为四大板块,即银发商品、银发服务、银发金融业和银发房地产业。银发金融业隶属于广义的银发服务,因此银发产业由银发商品、银发服务和银发房地产业构成。

银发商品包括老年日用品、服饰、辅助生活器具,老年助行器材和电子器材，老年食品、化妆品和保健用品、医疗器械、医药用品、康复器材和护理用品及丧葬用品，老年文化用品。

银发服务包括金融服务和经济理财服务，日常生活服务，医疗、康复、护理、长期照护和临终关怀服务，旅游交往、文化娱乐和精神服务，法律服务。

银发房地产业包括银发住房，社区老年服务设施，老年病医院和护理院、老年康复院，综合养老社区，还包括适老化的社会环境和适老化的家居环境，更包括为老年人创造适宜的生活空间，因此整个居住环境都应纳入老年友好住房理念规划中，并包括附近的基础设施、公共交通、购物设施及其他服务设施。

二、银发经济的构成

1. 银发经济构成

银发经济除了涵盖既有银发经济，还涵盖增量部分和新兴行业。

(1)既有银发经济

既有银发经济范围具体涵盖 20 个产业领域，包括针对银发人口的医疗健康服务、居家服务和护理服务，教育、旅游、文化娱乐、体育健身和传媒服务，银发金融保险理财服务，针对银发人口的上门服务(送货和服务)，时装和化妆品提供服务，出行和公共交通服务，建筑、房地产和智慧居家服务，银发设计服务，当地市场服务(如食物)，信息创新技术服务，机器人服务等。

(2)增量发展行业

从银发经济可能带来的增量发展行业来看，它包括了化妆品和时装，旅游，辅助独立居住生活的智能家居，服务机器人，医疗健康(包括医疗设备、药品和互联网健康)和福利，安全保障，文化、教育和技能培养,娱乐,个性化和自动化交通,银行和相关的理财服务产品等。增量经济涉及传统行业,包括教育、文化、娱乐、旅游、交通出行领域(如汽车交通安全领域)、健身和健康领域、服装和时尚领域,以及对人口敏感的金融服务,特别是资本保护、财富保值和储蓄咨询领域。

增量经济也包括新兴行业。老年科技相关的卫生经济包括电子医疗技术、视听辅助技术、口腔保健和整形技术,尤其是信息科技的使用,如住院护理和门诊护理的信息技术应用,依赖信息技术的智能生活、住房改造、生活支持服务以及依赖信息技术和市政建设的老年人独立生活的智能家居、信息技术和媒体行业、服务机器人。

2. 银发经济范围

(1)从发展历史来看

银发经济包含存量银发经济和增量银发经济。存量银发经济涵盖银发商品、银发服务和银发房地产三大板块,在统计时需要我们在既有的行业中区分开来。增量银发经济是随着银发人口定义的扩大(如 50 岁及以上人口)和人群的细分(如三类人群划分)所产生的既有市场拓展以及新商品和服务的开拓。增量银发经济中还有一个重大构成部分,就是新兴技术发展带来的银发市场转变和增能部分,如化妆品和时装,辅助独立居住生活的智能家居,服务机器人,医疗健康,安全,文化、教育和技能培养,娱乐,个性化和自动化交通,银行和相关的理财服务产品,等等。

(2)从银发经济构成内容来看

银发经济既可以按照产业划分,也可以分为市场化银发经济和公共银发经济。

在公共部门,如果积极健康老龄化的公共支出也被认为是投资和成本,那么银发经济的增长无疑将成为现实。实现这些目标需要积极的公共政策,通过促进战略投资和支出,以促进积极健康的老龄化发展,实现老年人的社会包容和独立生活。活跃而健康的老龄商品和服务市场会对社会保健系统产生重大影响，也可能使其实现可持续发展。

(3)从银发经济的产品和服务来看

银发经济的产品包括老年用品产品、老年服务产品、健康促进类产品等。老年用品产品主要包括衣食住行等生活用品、适老化辅助产品、生活护理类产品、休闲陪护类产品、老年药品和保健品类产品。老年服务产品涵盖生活照料类产品和养老服务设施配套等。健康促进类产品包括养老照护类产品、老年医疗器械、康复训练及健康促进辅具、健康监测产品、养老监护装置、智慧健康养老产品等。我国现在没有统一的老年产品目录和标准，上述产品为市场涉及的主要产品。

银发经济的服务主要包括老年金融支持服务、老年人力资源服务、老年文体休闲服务、养老科技和智慧养老服务、各类型养老服务机构、老年教育培训服务、医疗卫生服务等。老年金融支持服务方面涵盖老年人普惠金融服务、第三支柱养老保险（商业养老保险、健康保险等）服务、养老理财产品服务等金融支持服务。老年文体休闲服务包括文化娱乐、体育健身和文化旅游等。各类型养老服务机构主要分为营利性养老服务机构和非营利性养老服务机构。老年教育培训主要包括各类老年大学以及线上、线下的老年教育等。

目前，我国尚未建立养老服务清单，未来新兴业态不断涌现，智能技术升级发展，社会资本也不断涌入健康养老领域，未来的银发服务行业的发展前景十分广阔。银发经济基础设施主要包括公共环境无障碍和适老化改造、数据平台以及网络基础设施等软、硬件建设。这部分主要由政府作为责任主体进行建设。目前，我国无障碍公共设施改造正稳步推进。全国的养老数据资源体系、信息数据平台、网络基础设施等软、硬件建设也在提速。这些基础设施的建设与发展均需要国家、企业和社会组织携手努力，养老事业和养老产业才能有效协同、高质量发展。

银发经济衍生的经济活动既包括咨询、设计、研发、法律服务等，也包括老年人的经济参与所创造的价值等。

三、银发经济的特征

1. 综合多样性

银发经济既包括有形的物质生产活动，也包括无形的精神文化服务；既包括传统的老龄产业，也包括现代服务业背景下面向老年人的新产业和新业态；既包括以老年人为主要消费者的产业，也包括以老年人为主要生产者的经济活动等，具有明显的多样化和综合化特征。

银发经济是一个横跨第一、第二、第三产业的综合产业体系。所包含的经济实体包括属于第一产业的老年食品；属于第二产业的老年人日用品等，如医疗器械、药品保健品、健康促进类产品、专用设施设备等；属于第三产业的养老服务、文体休闲服务、教育培训、老年金融支持服务等。

银发经济这个综合性的市场体系包含多个为老年人服务的子市场。所以，银发经济的市场体系涵盖了经济实体、养老产品市场、养老服务市场等众多领域，既包括传统的老龄产业，也涉及现代的老龄产业，如金融保险、护理、娱乐、旅游、社区服务、老龄教育培训等多种行业。

2. 年龄指向性

银发经济的主要对象为老年人，老年人的主导需求与年龄阶段存在较明显的关联性，即从年龄阶段上划分，银发经济的目标对象锁定为50岁及以上的老年人口。银发经济产业所提供的产品、服务和就业机会并不排斥非老人群体，但相关产业的经济实体在市场竞争过程中，主要是基于老年人的需求和特征进行设计和运作的。

3. 公共经济性

银发经济具有公共产品的特性，兼具市场性和福利性，是一种“混合经济”形态。它在供求与价格等方面与市场经济有所不同，其价格确定和发展规模受到来自政府对老年人公共产品的财政支持和公共政策指向的制约。这种经济形态决定了它的微利性和盈利多样性共存。需要指出两点：第一，老龄产业的微利性指的是产品或服务的平均利润率不高，但由于老龄市场容量巨大，所以银发经济企业总利润高。第二，银发经济的微利性并不排斥其市场性，也并不主张其福利性。这正体现了银发经济产业在市场中区别于其他产业的特殊性。

4. 动态发展性

现代数字经济、虚拟经济、移动通信技术、人工智能技术等的发展，使银发经济处于动态发展变革之中，产业融合化和行业细分化趋势增强，新产业、新业态、新商业模式不断涌现，内涵与外延均在不断拓展。特别是新一代老年群体的生活、消费观念正在发生变化，我国老年人的消费意愿和消费能力不断增强，消费内容和方式越来越多元化，消费需求越来越高端化、品质化。随着老龄化和经济发展进程，其内涵和外延呈现逐渐深化的趋势。

四、银发经济的意义

1. 扩大消费，增加总量

供给和需求是经济发展的主线，从 1949 年以来我国为促进经济发展一直在平衡供给与需求这对矛盾关系。1956 年我国实现了对农业、工业、手工业的社会主义改造，确立了建立社会主义工业化的奋斗目标。这段时间经济领域的主要矛盾是供给不足，需求旺盛。到

20 世纪七八十年代，我国逐渐建立起了社会主义工业化，而生活资料的生产依然无法满足人们日益增长的物质文化需求。这段时间经济领域的主要矛盾是生活资料、第三产业供给不足，需求旺盛。到 2017 年上一个阶段的社会主要矛盾解决了，人们的物质文化基本需求得到了满足，但人们提出了更高的要求，且传统的供给过热，而适应人们新需求的供给不足。经济发展表现为有效供给不足，社会总体需求不旺盛。尤其是进入 2020 年以来，受新型冠状病毒感染以及复杂的国际形势影响，经济社会的需求乏力。

我国作为人口大国，正在面临人口老龄化的问题，但也出现了银发经济的发展机遇。现阶段及未来的老年人普遍具备较强的经济实力、先进的养老理念、充足的消费欲望。老年人多元化、差异化、个性化的需求，正变得越来越旺盛和迫切，这其中蕴含着巨大的发展机遇。因此，银发经济的发展必然进一步激活老年人的消费潜力，带动康养、医疗、房地产、金融、教育、旅游等产业的发展，不断拉动内需，持续增加消费需求量，为推动经济高质量发展注入新动能。

2. 优化结构，提高质量

党的十九大报告明确提出，推动经济高质量发展要“转变发展方式、优化经济结构、转换增长动力”。党的二十大报告强调，经济要实现“质的有效提升和量的合理增长”。因此，优化经济结构，实现效率变革，是推动经济高质量发展的必然要求。

银发经济涉及的领域新、产业广、层次多、细分市场丰富。推动银发经济高质量发展，可进一步夯实第一产业——农业的基础性地位，推动农产品绿色、安全、无公害化发展，促进现代农业建设；推动第二产业——工业和制造业提高产业细分程度，丰富产业发展门类，提高产品的高端化、高质化和高附加值化，推动工业强国建设；推动第三产业——服务业向银发、养老、康养、金融、旅游等领域延伸，丰富第三产业的层次和范围，提高第三产业的发展水平，进一步发挥第三产业对于三大产业的融合作用，推动经济高质量发展。

3. 增强内力，催生新业态

随着智慧健康养老理念逐步深入人心，银发经济发展前景变得更加广阔。老年人的消费逐渐从生存型转变成生活休闲型，消费结构从传统的衣、食、住、行方面向着医疗保健、旅游休闲、康养服务、照看护理等方向发展。以高新技术为依托，注重品质和享受的新型养老业态正逐渐成为银发经济发展的热点。新一代信息技术与康养产品的加速融合，为传统养老模式带来了巨大的跃升，进一步增强了经济发展活力，催生出新产品、新模式、新业态。

银发经济的发展将促进移动终端、可穿戴设备、服务机器人等智能产品的开发及市场推广，促进家庭同游旅游服务，怀旧游、青春游服务，老年旅游保险服务，旅居养老服务，在线教育服务等新服务性产品的产生；促进“互联网＋银发经济”“大数据＋银发经济”“区块链＋银发经济”等新模式的产生和发展；促进养老助餐、居家助老、社区便民、老年健康、养老照护、老年文体、农村养老等新业态的产生和发展。

4. 完善链条，激发活力

银发经济涉及“医”“食”“住”“行”“娱”等产业链条，涵盖第一、第二、第三产业。“医”涉及中西医药在养生保健领域的应用，老年病、慢性病防治等中西医药服务，老年人康复器具开发等。“食”涉及餐饮企业、物业服务企业、公益慈善组织发展的老年助餐，养老机构面向社会开展的老年助餐服务等产业。“住”涉及养老康健小区建设、居家适老化改造、老旧小区加装电梯、家庭配备智能安全监护设备等产业。“行”涉及为提高老年人出行效率，保障老年人出行的安全性和舒适性，采取的影响老年人出行行为的公共服务政策、技术与管理措施等，主要通过海、路、空等三种方式实现，包括步行、公共交通、汽车、铁路、飞机、轮船等。“娱”涉及为广大老年人提供的教育、展示、社交、娱乐等服务产业。

银发经济涉及的产业链丰富，其快速发展有助于促进第一、第二、第三产业的融合。银发经济的新产品、新模式、新业态的产生促进三大产业的勾连和渗透，使不同产业间联系更加紧密，进一步激发经济发展的内生活力。

形勢篇

第三章 形势与趋势

从国内外人口发展变化及经济发展形势看，银发经济发展进入了重要战略机遇期。山东省银发群体总量大、增速快，已经进入深度老龄化阶段。随着20世纪60年代前期出生人群进入老年人行列，老年人消费需求不断升级，持续提供有效需求，银发经济显现出巨大潜力。从发展趋势看，银发经济发展将朝着投资主体多元化、服务对象社会化、服务形式多样化、服务队伍专业化方向发展，银发经济消费者的需求及消费理念也发生了相应变化。

一、发展形势

1. 国际形势

2002年，世界卫生组织（WTO）提出“积极老龄化”理念，支持建设有利于老年人健康、社会参与和安全的“不分年龄”的社会。欧盟委员会（EC）亦提出各国需要作出“建设性回应”，以应对人口老龄化带来的挑战。伴随着上述理念的提出，2005年欧洲从发布银发经济网络计划的《波恩宣言》开始关注银发经济；2007年欧盟理事会（CEU）提出鼓励发展“银发经济”，并呼吁欧盟成员国提供更多老年人积极参与社会的机会。“银发经济”概念伴随着老年人对特定商品和服务日益增长的需求应运而生。在随后的几年里，经济合作与发展组织（OECD，2014 年）、二十国集团（G20，2015 年）、世界经济论坛（WEF，2015 年）和联合国欧洲经济委员会（UNECE，2017 年）均相继提出了与银发经济有关的立场和政治建议。“银发经济”正带着一种号召性成为新的时尚，寓意着人口老龄化所带来的新的经济机会，老年人正以积极的形象更好地融入“不分年龄”的社会。

世界经济论坛在 2016 年提出长寿可以被视为强大的市场驱动力。随着人口增长放缓和劳动力市场萎缩，优化年龄友好型环境可以抵消人口老龄化所带来的对社会和经济的不利影响。高登提出 21 世纪银发经济社会投资模型（见图 3-1），认为在正确的战略框架下发展银发经济，在文化、政策和投资上作出积极转变，将有助于社会经济的发展并降低老年依赖的成本。发展银发经济包括投资健康系统、建设年龄友好型环境、提供更好的住房、鼓励终身学习、提供长期照护服务等。这些投资可以为经济、社会和文化的发展带来进一步的机会和益处，包括提高个人的健康和福祉，也为经济增长和就业开辟新的领域。发展银发经济既有助于新技术的创新，也有利于提高社会凝聚力并促进经济繁荣。

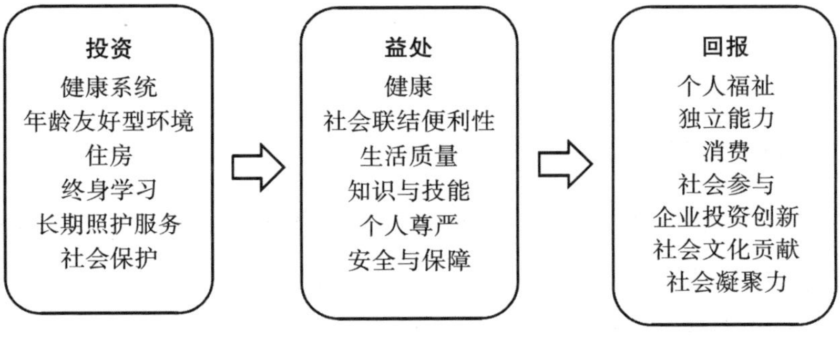

图 3-1　银发经济投资模型

世界各地的人口正在日益老龄化。人口老龄化对人类生活产生了前所未有的、普遍的、持久的深远影响。长期以来，人口老龄化对经济增长、生产力发展的负面作用一直被强调，老年人一直被认为是财政的负担。人口老龄化确实带来了老年照护责任、医疗支出、社会保障（养老金）等压力的增加，而欧盟提出发展银发经济的重要意义在于将消极的人口老龄化转变导向为新的产品、服务所带来的积极的工作机会和市场机会。在理论和实践上支持银发经济的发展意味着将老年人口视为经济增长的机会，而不是对地方、区域和国家经济发展的威胁。银发经济在消费者市场以及公共市场上均具有巨大的发展潜力。

2. 国内形势

从需求看，我国人口老龄化程度持续加深。我国自20世纪末进入老龄化社会以来，老年人口数量和占总人口的比重持续增长。2000～2020年，60岁及以上老年人口从1.26亿人增加到2.64亿人，老年人口占总人口的比重从10.2%上升至18.7%。未来一段时间，老龄化程度将持续加深。据预测，“十四五”末我国60岁及以上老年人口将达到3亿人，占总人口的比重超过20%；到2035年，60岁及以上老年人口将突破4亿人，占总人口的比重达到30%左右。

老年人口消费能力不断增强。第四次中国城乡老年人生活状况抽样调查数据显示，2014年我国城镇老年人年人均收入达到23930元，农村老年人年人均收入达到7621元，分别比2000年提高了16538元和5970元。《康养蓝皮书：中国康养产业发展报告（2017）》显示，中国城镇中45%的老年人拥有储蓄存款，2016年老年人存款余额超过17万亿元，人均存款接近8万元。中国健康与养老追踪调查数据测算结果显示，2011年我国老年人人均消费开支约1.18万元，同年居民人均消费支出约1.03万元。随着经济发展水平的不断提高，社会保障制度的不断完善，我国老年人的消费能力将不断增强。

老年人口消费结构逐渐多元化。随着老年人口消费能力的不断提高，老年人口的消费习惯从保守变得开放。从消费内容来看，老年人口已从传统的衣、食、住、用、行等实物消费向医疗保健、护理服务、家政服务、健康和疾病咨询服务等服务消费转变；老年人选择日用品时从价格优先向质量优先转变。在食品、日用品、基本医疗服务等传统基本生活需求的基础上，旅游休闲、高品位的艺术欣赏活动、高端养老院和医院等成为老年人口消费的新需求和新亮点。全国老龄工作委员会调查数据显示，每年老年人旅游人数占全国旅游总人数的比重超过20%，成为仅次于中年旅游市场的第二大旅游市场，旅游已经成为银发经济社交娱乐消费的主要组成部分。阿里数据显示，2013～2018年我国50岁及以上的中老年淘宝用户从175万人增至近3000万人。京东大数据研究院发布的《聚焦银发经济——2019中老年线上消费趋势报告》显示，2017～2019年线上老年适用的商品数量以年均39%的增速增长。阿里巴巴《老年人数字生活报告》显示，2017～2019年老年群体消费金额复合增长率达到20.9%。

从供给侧看，银发市场规模不断扩大。随着人口老龄化程度的持续加深，以及老年人口消费能力的不断提高，银发经济市场规模不断扩大。《中国老龄产业发展报告》数据显示，2014～2050年我国老年人口的消费潜力将从4万亿元增长到106万亿元左右，占GDP比重将增长到33%，成为全球老龄产业市场潜力最大的国家。《2021中国银发经济行业调研报告》显示，2020年我国银发经济规模已达5.4万亿元，2021年市场规模达5.9万亿元。

市场主体日益增加。天眼查数据显示，近年来我国银发经济相关企业年注册量逐年上涨，养老服务相关企业注册量已从2016年的2.36万家增至2020年的5.09万家。截至2020年年底，我国有近22万家企业的名称或经营范围含“养老”或“老人”或“老年”，且状态为在业、存续、迁入、迁出的养老服务相关企业。截至2021年9月，该年度已新增超3.92万家养老服务相关企业。

参与主体日趋多元化。随着我国人口老龄化程度逐渐加深，银发经济得到各方普遍重视，各类市场主体纷纷参与，一些房地产企业、金融企业、互联网企业等竞相涌入老龄产业领域，不同性质、规模各异的养老服务机构快速成立，老年用品生产制造企业、老龄教育培训机构、老龄服务投资机构等也迅速注册成立。

3. 山东省发展形势

山东省银发群体总量大、增速快，已经进入深度老龄化阶段。随着20世纪60年代前期出生人群进入老年行列，老年人口消费需求不断升级，持续提供有效劳动，银发经济显现出巨大潜力。初步估计，山东省银发经济容量在6978亿元左右，如果加快老年用品开发、推进社区适老化改造、长护险覆盖420万失能半失能老年人，以及调动1485万农村银发群体购买力，参照医养健康产业8%的年平均增速，预计到2025年山东省银发经济市场规模将达到7536亿元，2030年将达到1万亿元。

山东省庞大的银发群体为未来经济发展带来“新市场”。统计数据显示，截至2022年年底，山东省60岁及以上老年人达2250万人，占常住人口的22.1%。2022年，我国每月活跃的银发用户线上消费规模达到2.05亿元，山东省月工资1万元左右的老年人每月医疗保健康养消费支出约为295元，可见银发经济发展的“新市场”有巨大的发展潜力。

山东省高龄失能失智老人照护刚性需求增长迅速。据统计，山东省80岁及以上老年人283万人，预计2025年将突破340万人。2022年，山东全省健康老年人占比仅为59.14%，420万老年人处于失能、半失能状态，54万老年人生活完全不能自理。因此，未来山东省基于照看、护理需求的银发经济产业市场需求旺盛。

山东省银发群体消费能力水涨船高。据统计，2023年山东省退休人口达到244万人。他们大多有相对良好的经济基础，对养老服务专业化、个性化，以及老年产品用品丰富性、多样性有较高需求。

山东省农村养老服务需求逐步向城市趋同。山东省农村60岁及以上老年人口占农村人口的23.93%，据预测2035年将超过37%。在经济相对发达的青岛市，绝大多数80岁以下农村老年人都在从事电商物品分拣、农家乐帮厨、樱桃采摘、绿化保洁等有效劳动。随着人均可支配财富增加，农村银发群体将更有能力为老年用品买单。

4. 滨州市发展形势

通过对滨州市60岁及以上老年群体广泛的调查发现，滨州市银发经济发展存在较大潜力。从收入角度看，超过50%的60岁及以上老年人月收入为1000～3000元；从支出角度看，约有80%的60岁及以上老年人月支出水平为500～1500元，处于一个比较低的水平。收入与支出之间存在较大缺口，滨州市银发群体的月潜在消费能力大约有4.2亿元的规模。滨州市银发群体消费地点比较固定，调查发现其主要的购物地点是超市和街边店铺，同时大型商超也占到了16%的比例。消费集中在超市、街边店铺等价格比较低廉的地方或是能够方便到达的地方，说明老年人有求简图便、注重价格的消费心理；选择大型商超消费，说明高品质消费越来越成为老年人的消费趋势。滨州市银发群体购买的商品主要集中在食品、生活用品及药品，而人们普遍认为的老年人产品（如保健品及保健器材等）在老年人消费中只占很小的比例。同时，书籍、音像制品等相关文化产品的消费也同样很低。老年人的服务市场在近年来有所发展，如老年旅游业，部分老年人开始选择外出旅游，但比例不是太大。滨州市银发群体的消费越来越受到年轻人的关注和支持。随着生活水平的提高，老年人的生活质量越来越受到子女的关注，子女会选择各种方式来提高老年人的生活质量，最直接的方式有给老年人购买高级用品、陪同父母去旅游、为父母报名参加老年大学等。

二、发展趋势

1. 发展远景

从我国经济增长前景看，若基于到2035年人均GDP翻一番的规划目标，可将2035年的GDP预测为200万亿元，GDP年均增速为4.78%。同时，近年来我国消费增长速度与GDP增长速度之间的差距日益缩小，2019年已基本持平。研究表明，2021～2035年的三种人均消费增长速度分别为：中等增长速度（年均增长5%）与GDP基本一致；低增长速度（年均增长4%）低于GDP增速；高增长速度（年均增长6%）高于GDP增速。参照发达国家在老龄化过程中人均消费增长速度的差异，老年群体的人均消费增长速度比平均消费增长速度大约高0.3%。以2020年为基础，预测的2035年和2050年的银发经济总体规模如下：人均消费水平高增长速度背景下，2035年银发经济规模为21.7万亿元，占总消费比重为27.8%，占GDP比重为10.9%；2050年银发经济规模为63.5万亿元，占总消费比重为35%，占GDP比重为15.9%。人均消费水平中等增长速度背景下，2035年银发经济规模为19.1万亿元，占总消费比重为27.8%，占GDP比重为9.6%；2050年银发经济规模为49.9万亿元，占总消费比重为35.1%，占GDP比重为12.5%。需要指出的是，上述是较为保守的估计，只考虑了老年人口消费部分，未考虑与老龄化相关的投资，如养老设施建设投入、养老产业中的研发投入等，也未考虑与养老相关的金融、保险服务等。若按2050年消费对GDP贡献可达到70%估计，考虑到相关投资以及以提高老年人社会经济参与度等所形成的经济溢出效应，银发经济规模可占GDP的23%或更高。根据研究，中国养老产业将会向“四化”发展，即投资主体多元化、服务对象社会化、服务形式多样化、服务队伍专业化。

2. 需求变化

(1)消费能力:“新老人”是衣食无忧、资产殷实的一代

“不舍得花钱”正渐渐成为老年消费的过去时。“新老人”是改革开放的参与者、建设者,依靠他们的艰苦奋斗,中国经济才能有今天雄居世界第二的规模和实力。“新老人”同样是改革开放最大的受益者,享受着越来越健全的社会保障体系,积累了丰厚殷实的家庭资产。以1962~1982年出生的人为例,他们在2021年胡润百富榜中占47%,在所有A股上市公司总经理中占87%。自2022年起,这些人将在未来20年陆续步入老龄,他们有着更强烈的购买力,也有着更强烈的购买愿望、要求和动机。

(2)消费方式:互联网参与加深,线上消费显著提高

社交媒体的兴盛与移动支付的便利,正在潜移默化地影响着老年群体的消费方式。如今,银发人群已经成为移动互联网流量增长的最重要群体。北京贵士信息科技有限公司的数据显示,截至2023年9月,银发人群用户规模已达到3.25亿人,同比增长了7.6%;全网占比已经达到26.5%,同比增长了1.3%。同时,银发人群互联网人均使用时长、App和微信小程序人均使用个数,均呈现持续增长态势。前者已经达到了127.2小时,同比增长了5.2%,后者分别达到16.3个和11个。不仅如此,银发群体线上消费能力、消费意愿也在提升。2023年9月,银发人群千元以上消费能力占比较2022年同期增加了1.6%,中高端消费意愿占比增加了2.4%。随着银发人群对网络支付安全的认知加强,其在移动支付行业中的渗透得以进一步加速。2023年9月,超1.5亿人的银发人群通过支付结算类App完成无纸化的数字交易。

(3)消费意识:知识改变命运,消费意愿升级

考虑到老年人群成长的社会文化与经济发展阶段各有不同,蔚迈

(Wavemaker)将老年人分为三个世代——革命见证者、建国一代、改革开放新生儿，他们文化水平和消费意识差异巨大，不可一概而论。尤其是1949年之后，九年义务教育全面普及，从此改变了老一辈人目不识丁、不能读写的状况，大大提高了新中国成立后出生的“新老人”的文化教育水平。20世纪70年代末高考开启之后，“新老人”成为率先考上大学，通过知识成功改变命运的一代。可以预见的是，随着经济的不断发展，高学历者和富裕人群在银发人群中将会越来越多，他们在精神需求方面有着更高的追求，消费观念和可接受的养老模式也在不断升级，给银发经济市场带来了新的契机。

(4)银发消费新势力：孝心经济的崛起

值得关注的是，在大量年轻人口涌入核心城市定居的背景下，“常回家看看”在现实中越来越困难。年轻一代除了通过鼓励并帮助老年群体接受、使用新的数字技术，进行“数字反哺”外，还能够通过互联网购买老年产品和服务以表达孝心。青年数字孝老指数是用青年群体网购老年产品和服务订单量除以青年群体当年的用户数量，即青年网购用户购买老年产品的人均下单量。

3. 主要转变

(1)理念正在悄然转变

积极老龄观等新理念正在兴起。习近平总书记指出，要把积极老龄观、健康老龄化理念融入经济社会发展全过程，发挥好老年人积极作用，让老年人共享改革发展成果、安享幸福晚年。在积极老龄观、健康老龄化理念中，老年人不应被看作社会的负担，而是推进社会发展的一股力量。新时代银发经济、银发产业的服务不只是少部分高龄失能老年人照护，而是要着眼全体老年人的美好老年生活。新时代养老应由生存必需型向享受型、发展型、参与型转变，实现从养老到享老的转变。银发经济正向着以促进老年人的全面发展为根本目标的方向转变，老年人不只是被动接受服务的客体，也是主动提供服务的主体，我们不能只考虑老年人之“用”，而要更多地考虑如何“用”好老年人。一个充满活力的老龄化社会，必将激发起亿万老年人多样化、个性化、高品质的生活消费需求，形成新的巨大的银发消费市场。

(2)从产品需求向服务需求的转变

今后相当长的一个时期内，我国人口老龄化程度将呈逐年加深的态势，银发群体的绝对数量和在总人口中所占的比重不断增大，形成了日益旺盛的银发服务消费需求。银发群体的需求逐步从“衣、食、住、用、行”等实物需求转变为包括健康、养老等在内的服务需求，以“60后”为代表的“新银发群体”还将目光对准了艺术、体育、休闲、娱乐等“诗和远方”的新服务需求。在21世纪前半叶，我国的老龄服务产业将经历一个持续、快速发展的过程。

银发服务需求在不同阶段有着不同的表现形式。以2035年为界，可以分为前后两个阶段。

2024～2035年为第一阶段，银发服务需求将由生存型向改善型转变，由前期重视量的提升转向量和质并重，服务范围不断拓展，服务供给不断丰富，服务水平不断提升。该阶段的服务需求主要包括以下5个方面。

①日常生活服务需求，即居住在家庭和社区中的老年人日常生活中所产生的日常生活服务需求，包括保洁、助浴、助医、送餐、维修、代购等方面。

②商务服务需求，主要包括金融投资、养老/医疗商业保险、再就业、法律咨询、权益维护等。

③长期照护服务需求，老年人将对服务的多样性、融合性提出更多要求，包括居家照护服务的多样性、针对性，社区照护服务的便利性、可获性，机构照护服务的专业性、辐射性等。

④康复护理服务需求，主要是满足失能、高龄等刚需银发人群的集中康复、照护与护理服务需求。

⑤安宁疗护服务需求，为临终老人提供姑息治疗、安宁疗护和精

神慰藉服务，帮助他们安详地走完人生。目前，该需求还处于萌芽状态，只是一些老年人及其家庭逐渐显现的服务需求。

2036～2050 年为第二阶段，银发群体的服务需求预期也在不断变化。一是对非功能性的服务需求程度会有所提高，对服务有着更高、更多的要求，更重视心理层面需求的满足。由单功能、单效用的服务向复合性、系统性的服务转变，增加了服务中精神、情感需求的比重。二是康复护理服务的刚性需求将进一步快速增长。三是银发服务的多样化与品质化需求将进一步凸显，银发服务的外延会进一步扩展，银发群体对体育、旅游、文化、教育、法律等领域的服务需求也会显著增加，并提出更高要求。

(3)个性需求逐步突显

银发市场前景巨大，目前银发群体日益增长的消费需求与市场上滞后的产品和服务供给仍无法匹配。随着生活水平的提高，以及养老模式和消费观念的改变，老年人消费逐渐呈现出品质化、多元化、个性化和便利化的趋势。养老消费中以安养和乐活为基本点的"养老质量"开始成为重要的养老议题，催生了更多银发产业的新业态。针对老年人的产品和服务未来需要进一步定位细分人群，提供个性化、定制化的文化产品与服务，拓展新业态。针对银发人群的需要，满足他们在心态调整、爱好发展、经验传承等方面的诉求，发展适老化、普惠化、高品质的银发经济。

随着物质生活的丰富，今天老年人的生活已大不一样，很多老年人在心态上从以事业、家庭为中心逐渐向以自我为中心转变，可以尽情发展自己的兴趣爱好，享受丰富多彩的退休生活，如基于共同兴趣而兴起的银发合唱团、骑行队、模特队、舞蹈团等纷纷涌现，新老年多元化社交需求带动了乐器、摄影、文旅、演出票务等个性消费增长。

4. 战略阶段

第一阶段(2011～2020 年)，养老产业崛起期，中国老龄化程度由

8.5%上升到11.7%，进入轻度老龄化阶段，老年人口由1.16亿人增长至1.68亿人。第一个增长高峰出现，推动养老用品、养老金融、养老服务的发展。在这个阶段，轻资产模式运营的上门养老服务企业率先发展，同时信息化相关技术的服务企业也在不断发展，而养老地产及社区养老模式处于建设初期。

第二阶段(2021～2035年)，养老产业集中繁荣期。第二代婴儿潮(1962～1973年)出生的人进入老年，同时65岁及以上的老人由1.73亿人增加至2.82亿人，这是21世纪老年人增长规模最大的一次。老龄化程度由12.1%增长至19.5%，进入中度老龄化阶段，同时老年人口超过少儿人口，中国出现新的社会结构。这个时候的老年人收入和受教育程度大幅度提高，需求更多样化，对养老用品、养老服务、养老地产、养老金融的需要更加迫切。这是养老产业的繁荣期。上门养老服务商和社区养老投资运营商在这个阶段同时完成整合，形成规模化效应，出现大型的养老产业企业。新型的养老社区服务体系迎来大的发展。

第三阶段(2036～2050年)，养老产业成熟期。在这个阶段，人口红利消失，总人口负增长，老年人口增速降低，但老龄化程度继续加深。

第四章　政策与环境

银发经济的发展需要有效的政策保障和良好的环境支持，国外银发经济发展较快的国家和地区（如日本、美国和欧盟）无一例外都为保障银发经济的持续稳定发展颁布了一系列的政策和制度。近年来，国内银发经济发展势头很足，各级政府也出台了一系列政策，为促进银发经济发展创造了良好的环境，一些地区的典型做法也值得学习和借鉴。

一、国外主要发达国家银发经济发展情况

1. 日本

1970 年，日本进入老龄社会（轻度老龄化社会），以老年人为主要需求者和消费者的产品和服务逐渐出现。日本银发经济的发展以人口老龄化和石油危机为契机，在 20 世纪 70 年代到 80 年代主要发展银发服务。1973 年以后日本银发经济的发展重心是住宅相关服务和居家支援相关服务。日本于 1989 年制定了被称作“黄金计划”的《老年人保健福祉推进十年战略》，1994 年又制定了《新老年人保健福祉推进十年战略》（“新黄金计划”）。这些战略规划为引导日本银发经济发展、完善相关配套建设提供了必要的政策支持。

1995年，日本正式步入老龄社会（中度老龄化社会）。1995～2004年，由于政府社会保障制度的不断健全和完善，养老市场对于民间资本的吸引力并不强，养老产品和服务的供给责任主要由政府承担。随着老龄化的不断加剧，日本政府意识到民间部门在养老服务中的价值和作用，因此相继出台措施明确公共部门和民间部门、中央和地方在养老服务和养老产业发展上的分工和责任，并且将养老服务的重点由机构转向了居家，同时完善了人才保障等配套措施。1996年4月，日本在东京都福祉局设置了与银发经济振兴相关的研究委员会，并提出相应的振兴政策。在此过程中，银发服务概念开始向银发经济概念转变。这一阶段主要是银发产业的发展时期。2000年4月，《介护保险法》正式实施，为养老机构的健康持续运营提供了充足的资金支持，促进了日本银发经济的快速发展。因为介护保险和民间活动的导入，以介护经济为中心的银发经济再次受到瞩目，银发经济进入快速发展时期。

2005年，日本进入超老龄社会（重度老龄化社会），人口自然增长率跌至负值，总人口数开始减少。随着介护保险制度在2006年、2010年和2015年的逐次修订完善，更多营利性私营企业和非营利性社会组织参与到养老照护产业的发展中，社区照护机构的数量有了明显增加。日本养老照护产业成为日本银发经济的重要组成部分，也成为刺激日本经济发展的主要动力。以提供养老服务为主的银发服务和以生产制造业为主的银发产业成为银发经济市场的两大支柱。随着日本进入超老龄社会，整个日本的经济和产业都具有银发产业、银发商业的要素或特征，即日本经济呈现银发化，老年人口的比重越来越高，人们开始对老年人重新进行定义。越来越多的人意识到大多数的老年人仍然是健康、有活力并且自立的，需要改变对老年人消极灰暗的固定印象。有的学者认为，在日本经济不景气的时代，老年市场是一个有希望的、巨大的市场。在超老龄社会，银发经济将不再局限于特定的产业领域，即为老年人提供的产品或服务将不再作为特别规格的产品或服务来销售，而是作为普通产品或服务来销售，可将其称为"产业或商业发展的银发化"。在日本，未来银发经济的概念将被淡化，转而强调"全时代"，即不分年龄、共同努力为社会经济作贡献的时代。伴随着老龄化的不同阶段，日本银发经济的发展经历了三个主要时期。日本银发经济的发展与其老龄化的进程、经济发展的状况以及政策法规的支持和保障有着密切的关系。

2. 欧盟

在发展银发产业的过程中，欧盟各国鼓励民营资本进入银发产业，以减轻政府财政负担，提升银发经济服务质量，拉动经济增长，满足老年人的多样化需求。政府通过养老福利发放、完善养老保障制度、金融支持等措施来提升老年人的消费能力。政府在产业发展的过程中起到了主导作用，各银发经济参与企业根据老年人消费能力强、消费需求多样化的特点，不断推出新型银发产品，同时调整产品供给以适应银发市场需求，产生了可观的经济效益。

(1)鼓励民营资本进入银发产业

瑞典作为高福利国家，其银发产业发展以确保老年人生活舒适为目的，追求产品与服务的质量。政府在进行政策引导的同时，注重营造公平、公开的市场竞争环境，鼓励更多的民营资本进入银发产业。瑞典民营资本在进入银发产业的过程中取得了辉煌的成绩，形成了众多国际知名的大企业，成为瑞典银发产业发展的中坚力量，如瑞典多朗(Doro AB)电信和家电集团。多朗集团致力于开发、销售老年远距照护产品，其生产的多朗系列手机销往世界 30 多个国家，是全球老年手机的领军品牌。此外，全球尿失禁管理方面的领导品牌瑞典添宁、世界著名老年辅助器具生产商瑞典博动(Permobil)集团也都是瑞典民营资本进入银发产业后促使行业腾飞的典型写照。民营资本在拉动经济增长的同时，通过加速行业良性竞争的方式，为老年人提供了性价比较高的养老产品与服务。

(2)政府在银发产业中起主导作用

瑞典是应对人口老龄化较为成功的国家之一。瑞典实行全民福利型养老制度,老年人可根据个人需要选择养老方式。目前,瑞典实行的养老方式主要由市政府提供服务,因此相应的银发产业由政府主导。瑞典的社会养老机构有三种管理模式:一是政府直接管理,这些机构由政府直接经营管理,其工作人员为政府公职人员,具有非营利性;二是由政府设置、私人进行经营,主要通过政府部门与私人机构签订合同的方式来经营,政府对其给予一定的政策优惠;三是由政府资助、非政府组织承办,其经费来自政府服务项目拨款。此外,养老服务护理人员培训、养老设施采购、养老用品研发、老年培训与咨询等方面的银发产业均由瑞典政府主导。正是由于政府大量资金的投入与正确的引导,才使得瑞典银发产业取得了举世瞩目的成就。

(3)政府增强银发群体的消费能力

法国以发行养老服务券的形式增强老年人对银发产品与服务的消费能力。养老服务券由经政府认证的几家大型公司发行,企业与个人均可购买。法国政府通过税收优惠等多项政策,鼓励企业为员工购买养老服务券,企业购买后大多将其作为员工福利,以较低的价格卖给员工或免费发放给员工。获得养老服务券的使用者凭借服务券,可获得银发企业提供的相应养老服务,所需费用最终由服务券发行商与服务提供方进行核算。由于将养老服务券引入市场机制,老年人可以较低的费用支出获得较高价值的服务,其消费能力得到了增强,养老服务需求被激发,从而促进了银发产业的发展。

西班牙巴塞罗那的拉·萨格莱拉安老院,由政府提供土地;社会福利部统筹监督立项,拥有产权;政府基建公司执行开发建设;通过公开竞标选定设计、施工单位和运营公司;采用典型公办私营的管理模式,入住使用率为100%,运营企业平均利润率约6%。该养老院严格控制成本,深度挖掘人工服务与建筑环境相结合的综合效能,在最大限度发挥老年人“自主自理性”的同时以最经济高效的方式实现个体化照护，以此保证老年人的生活质量。

3. 美国

美国在 20 世纪 40 年代就进入了老龄化社会，其养老产业自 70 年代开始发展，经过 40 多年的发展，已经形成了完善的保障体系和成熟的产业发展模式。在需求端，美国的养老金体系由三部分组成：一是覆盖面很广的社会基本养老保障，从社会保障署领取费用；二是 401K 养老金计划，不允许提前支取；三是个人储蓄账户，政府出台相关优惠政策，如个人退休账户（IRA），其自由度高于 401K，可用于进行投资。美国政府的养老支出在全球都处于中等偏下水平，但个人和团体自愿缴纳的养老金比例高达 38.3%，远高于其他国家。美国老年人的医疗保障体系主要有两类保险：一是面对老年人的老年医疗保险（Medicare），为 65 岁及以上的老年人提供统一的医疗保险，分为强制的住院医疗保险和自愿的医疗费用保险；二是医疗补助方案（Medicaid），是为了向收入低于贫困线的 65 岁及以上老年人、残疾人和有小孩家庭提供救助性质的医疗服务。布鲁克代尔老年生活社区（Brookdale Senior Living）是目前美国最大的老年生活社区运营商，成立于 1978 年，总部位于田纳西州布伦特伍德。成立之初，布鲁克代尔在芝加哥、纽约和迈阿密等城市开发了大型高档城市退休社区。布鲁克代尔不断地兼并同行业其他公司。2014 年 7 月，布鲁克代尔与退休老人住宅公司（Emeritus Senior Living）合并，成为美国唯一一家全国性的全方位老年人生活服务公司。公司主要提供四大社区、六大配套服务。四大社区为：生活自理型社区，主要面向年龄在 70～80 岁、生活能够自理的客户；生活协助型社区，主要面向 80 岁以上、没有重大疾病，但生活需要照顾的客户；特殊护理（老年痴呆护理）社区，主要面向有慢性疾病的客户、术后恢复期的客户及记忆功能障碍的客户；持续护理退休社区，面向那些退休不久、当前生活能够自理、但不想由于未来生活自理能力的下降而被迫频繁更换居所的客户。六大配套服务为:独立生活服务,客户可以几乎不用花时间担心房屋所有权、维护和景观美化等问题,而将更多的时间花在自己做想做的事情上;辅助生活服务,帮助客户管理药物、穿衣、洗澡、家务和膳食;记忆护理服务,为患有阿尔茨海默症和其他形式的痴呆症的客户提供优质的护理和支持;熟练护理服务,为客户提供短期护理和长期护理两种服务,短期护理旨在帮助客户从手术、疾病和事故中康复,长期护理是为那些可以从24小时护理中受益的人提供的;临终关怀服务,为身患绝症的客户提供富有同情心的护理和支持,无论他们在哪里;持续护理退休服务,持续护理退休社区(CCRC)是在一个校园内提供多种护理级别,这意味着即使客户的医疗保健需求将来发生变化,客户也不必搬家。

二、国内银发经济发展情况

1. 中国养老产业发展历程

中国的养老产业发展至今可分为三个阶段。第一阶段(1950～1980年):中国人口由年轻型逐渐转向成年型,老年人口数量占总人口比重较低,养老问题不是社会问题。第二阶段(1980～2000年):老年市场有了较快的发展,并且逐渐形成了一定的体系,以老年产品为主,企业竞相推出老年产品,但由于未能准确定位老年人的需求,最终发展不太顺利。第三阶段(2000年至今):2000年中国进入老龄化社会,老年市场越来越大,老年人的需求逐渐个性化和多元化,但很多人认为老年市场还需要培育,只有少数企业推出一些老年人日常生活用品和老年住宅服务。但2013年之后,养老社区建设开始加速,并定位于高端养老。

2. 中国养老产业发展现状

(1)养老产业细分市场发展不均衡

根据民政部统计,2017 年全国各类养老服务机构和设施共 15.5 万个,比 2016 年增长 10.6%,其中各类养老床位合计 744.8 万张,增长 21%。但是在养老产业中,养老服务、老年用品、老年医疗是发展比较快的。另外,知识分子阶层的老年人群逐渐增加,现在银发旅游也发展得很快。据携程网统计,现在银发旅游已经占到中国旅游人次的 30%~40%。尽管近年来养老地产有了较大的发展,房地产商、保险机构和投资机构也开发了高端的养老社区,但基本都是开发房地产项目,养老地产总体处于混沌期。老年金融业刚萌芽,绝大多数老年人对其感到陌生,只有少数人购买商业养老保险,或者参与银行理财服务。

(2)多数区域养老产业的发展不均衡

我国东部地区养老产业在政府引导下走向市场化和产业化道路,重视养老产业建设,老年用品、康复产品等产品的研发生产、经济增长有了新的方式。经济发展水平相对落后的中部地区由于人口密集,老龄化进程明显快一些,但养老产业落后,出现养老需求旺盛,单纯依赖政府投入无法解决养老问题,而且相关的产业政策配套较差,产业发展还有很长的道路要走。西部地区老年人口数量相对较少,个别省份老年人口数量很少,养老产业基本属于无产业状态。

(3)养老产业公益性和营利性交叉

我国习惯用公益性和营利性来划分养老机构。公办养老机构被叫作“养老事业”,补助多、费用低、入住率高,往往“一床难求”;民办养老机构则被叫作“养老产业”,大多数规模小、入住率低、效益较差,不能形成规模效应。中国把社区养老也定位于养老事业,倾向于为失能、空巢等老年人提供服务,普通健康的老年人不能享受,这限制了社区养老的产业化。

三、国内发展银发经济的政策支持

历年来国家出台了一系列扶持政策，但扶持力度不够。1994 年，中国老龄工作和老龄事业开始有计划发展。2011 年，国务院从老年社会保障、老年医疗卫生保健、老龄服务及老龄产业等多个方面出发，制定养老事业的政策规划；各地也纷纷出台各自养老事业发展的“十二五”规划。2011 年年末，国家发布《社会养老服务体系建设规划(2011～2015 年)》，从人口及社会养老服务体系等方面进行了总纲式的规划，但细化配套政策法规体系尚未建立起来，我国养老事业的发展模式仍不清晰。表 4-1 为我国银发经济的相关政策。

表 4-1　我国银发经济的相关政策

文件名称	发布年份	主要内容或意义
《中国老龄工作七年发展纲要（1994～2000 年）》	1994	第一个规划老龄工作和养老事业的指导性文件，提出坚持家庭养老与社会养老相结合的原则
《中华人民共和国老年人权益保障法》	1996	标志中国老龄政策被纳入法治化、制度化的轨道
《关于加快实现社会福利社会化的意见》	2000	提出福利社会化的发展目标，引导社会力量积极参与社会福利事业
《关于加强老龄工作的决定》	2000	建立以家庭养老为基础、社区服务为依托、社会养老为补充的养老机制
《中国老龄事业发展“十五”计划纲要》	2001	城市养老机构床位数达到每千名老人 10 张，农村乡镇敬老院覆盖率达到 90%

续表

文件名称	发布年份	主要内容或意义
《关于加快发展养老服务业的意见》	2006	逐步建立和完善以居家养老为基础、社区服务为依托、机构养老为补充的服务体系
《中国老龄事业发展“十一五”规划》	2006	农村“五保”供养服务机构要实现集中供养率50%的目标，新增供养床位220万张，新增城镇孤老集中供养床位80万张
“十一五”期间	2006～2010	上海市探索提出“9073”养老服务格局，我国主要省份开始构建“9073”养老格局
《中国老龄事业发展“十二五”规划》《社会养老服务体系建设规划(2011～2015年)》	2011	提出“建立以居家养老为基础、社区为依托、机构为支撑”的养老服务体系，到2015年，实现“全国每千名老年人拥有床位数达到30张”的发展目标
《关于保险资金投资股权和不动产有关问题的通知》	2012	防止以养老项目名义建设和销售商品房
《民政部关于鼓励和引导民间资本进入养老服务领域的实施意见》	2012	推动民间资本参与养老服务业发展
《中华人民共和国老年人权益保障法》(修订)	2012	重新定位“主要依靠家庭”改为“以居家为基础”，确定了老龄服务体系建设的基本框架
《国务院关于加快发展养老服务业的若干意见》	2013	确立到2020年“全国社会养老床位数达到每千名老年人35～40张”的发展目标

续表

文件名称	发布年份	主要内容或意义
《民政部关于开展公办养老机构改革试点工作的通知》	2013	推进公办养老机构的公建民营，探索经营性服务的公办养老机构改制
《养老服务设施用地指导意见》	2014	新建养老服务设施用地依据规划单独办理供地手续，其宗地面积原则上控制在3公顷以下
《关于鼓励民间资本参与养老服务业发展的实施意见》	2015	十部委联合发文，再次强调民间资本对养老服务的介入
《“十三五”国家老龄事业发展和养老体系建设规划》	2017	提出健全以居家为基础、社区为依托、机构为补充、医养结合的养老服务体系

四、国内银发经济发展的成功案例

1. 无锡朗高养老集团有限公司

无锡朗高养老集团有限公司是以提供老人生活照料服务、医疗护理服务为主营业务，对养老产业进行投资、运营和管理的养老服务连锁企业，主要针对失能、半失能、失智老年客户群体，已形成了机构养老业务、居家养老业务的产业链养老服务。

该公司以“优质资源整合”和“专业运营”为品牌战略的基础，投资与服务布局覆盖了江浙沪等多个地区，形成了以无锡为发展核心并辐射长三角地区的发展路径。公司引进国外先进服务理念和专业人才，结合中国国情和养老文化，形成了具有朗高特色的医养管理体系，并通过了德国相关质量认证。该公司以市场化、规模化、连锁化、品牌化为发展战略,致力于打造为老年人提供集生活照料服务、医疗护理服务、精神需求服务于一体的综合服务平台;并承接社区居家养老服务中心的养老服务,形成了机构养老、社区养老、居家养老多层次医养结合的业务布局;已形成健全、稳定、有特色的产业链格局,在城市养老设施布局、标准养老设施完善规范、老年长期护理体系等诸多方面取得了国内领先的实践成果。

2. 中关村科技发展股份有限公司

公司养老服务业务主要包括集中养老服务、居家养老服务、健康管理、健康咨询、预防保健咨询及中医医疗服务等。2017 年,公司正式启动养老业务,经过近些年的发展,初步建立起了医、康、养、护、娱五位一体的养老生态体系。

公司旗下银发业务以"内强素质、外树形象、积极拓展、夯实基础求发展"为经营理念,在管理提升和业务拓展方面持续发力,近年来围绕市场拓展、强化品牌、医养结合、打造标杆项目、提升实力等方面实现了快速发展。

公司在养老产业方面已经形成竞争优势,拥有一支专业、经验丰富的团队,在为老年人提供全方位、个性化的服务的同时,持续布局旅居产品以及老年健康养生等模式的新赛道,把多元化养老元素融入服务中。在公司的养老业务模式下,养是基础,是长期、专业、规范的生活照料;医是支撑,是疾病治疗和机体功能的恢复;康是目标,是让客户的身体和心理都保持健康状态,最终努力实现价值转化。未来,公司将加快现有床位的高端化,满足老年人对养老服务的需求,尽快将床位优势转化成规模优势。同时,公司充分利用泰和中医院资质升级的有利形势,以中医治疗为切入点,与公司养老机构、养老照料中心和养老驿站共同组成"1+N"医疗联合体,一方面快速提升泰和中医院的专业水平和业务规模,另一方面加强中医院对现有养老业务的辐射与指导,将医养结合向深度与广度推进。

3. 北京雅达养老产业股份有限公司

北京雅达养老产业股份有限公司（简称雅达养老）主要为客户提供养老产业投融资、养老用品销售配置、健康适老空间整体解决方案和适老化展厅运营等服务。公司主要收入来源集中在大型健康养老园区的用品配置及运营顾问等业务。未来，公司将持续聚焦提供养老用品及健康生活空间解决方案和复合型养老园区、旅游度假区咨询规划设计两大业务主线，继续培育境外养老产业资源整合平台。

雅达养老立足中国养老、健康及旅游产业，在乌镇投资的以“养生养老、健康医疗、休闲度假”为主题的复合型健康生态产业园现已投入运营。2017 年，雅达养老联手 IDG 资本成立两家基金管理公司，落地南京高淳及江苏宜兴，投资建设三大复合型养老健康产业园区及旅游目的地景区。自创立伊始，雅达养老始终秉承创造可持续价值的宗旨，坚持公益优先的原则，承担社会责任，致力于为社区居民和当地百姓谋福祉，构建和谐的人居环境。雅达养老汇聚国际化专家团队，采用优质护理体系和持续精进的质控标准，配备业界知名品牌设备设施，旨在为亚健康人群、康复患者、老年人提供高品质的健康管理、康复治疗及医养照护服务。

未来十年，旅游产业跨界融合态势愈发明显，旅游资源将深度整合，旅游与养老、健康、文化等重点领域的结合将成为新的发展热点。雅达养老致力于建设融合当地文化特征，包含旅游度假、时尚休闲、文化艺术展示及商务等多业态协调共存的旅游目的地景区，并针对养老健康产业及老年游客特质进行深入调研，打造符合市场需求的旅游产品。

4. 南京新街口百货商店股份有限公司

南京新街口百货商店股份有限公司的国内养老业务主要由安康通养老服务有限公司（简称安康通）承担。安康通成立于 1998 年，是全国性的综合养老服务型企业，以“医康养护育一体化”的模式构建15分钟养老服务圈，为各地政府和企业单位提供定制化一站式养老解决方案和落地服务。安康通已在全23个省份开展智慧养老系统、养老呼叫中心、居家养老、社区养老、机构养老、长护险服务、适老化改造、人才培训八大业务。

安康通已深耕养老行业20余年，以自主运营的智慧养老指挥中心、自主研发的信息管理系统平台、专业化的线上线下服务团队为基础，整合优质社会资源，打造“互联网＋大养老”生态链，深耕居家、社区、机构三大基础业务。江苏禾康养老产业（集团）有限公司（简称禾康）是安康通旗下控股子公司，是安康通健康养老板块的重要企业之一，也是国内领先的社区居家养老服务运营商。禾康依托革命性的技术创新，将互联网与传统行业、社会热点进行深度融合，通过建立线上信息服务平台、线下社区服务网点，为老人提供线上基础信息服务以及线下实体援助服务。

5. 东软熙康健康科技有限公司

东软熙康健康科技有限公司（简称东软熙康）成立于2011年，以城市为入口，帮助政府建设和运营区域化新医疗基础设施平台——城市云医院平台，将地方政府、医疗机构、保险机构与患者紧密连接起来，构建城市级“互联网＋医疗健康”服务新生态。东软熙康利用整合信息技术与医疗资源的能力，构建了高度可复制、可扩展的云医院平台模式，紧密连接地方政府、医疗机构、患者及保险机构，促进地方医疗系统服务效率提升，为患者提供持续、全面、高质量的医疗健康服务。

公司提供云医院平台服务：以城市为入口，为地方政府、医疗机构和保险机构提供平台建设服务，帮助政府打造城市医疗基础设施平台，提供超越医院物理围墙的服务内容，打造协作高效的医疗服务体系，为医疗健康服务“供、需、付、管”四方赋能，帮助医院/医生更好地服务患者，帮助保险机构提高资金使用效率，帮助患者更好地获取院内院外一体化的医疗健康服务。

公司提供互联网医疗服务：基于云医院平台，为医疗机构提供运营等平台增值服务。通过互联网医院服务、远程医疗服务、互联网居家护理服务、智慧家庭医生服务等，满足用户的多元化医疗健康服务需求，为用户提供线上线下全渠道、院内院外全场景、覆盖全生命周期的一体化互联网医疗服务，实现医疗健康服务的便利可及。

公司提供健康管理服务：通过整合优质的医疗资源，为个人及企业客户提供优质、便捷、线上线下一体化的全生命周期医疗和健康管理服务，包括健康体检、疾病检测、基因检测、慢病管理与康复、远程医疗、中医以及运动康复、营养膳食指导等线下健康服务，以及报告解读、健康档案建立、检后随访、健康管理、线上问诊、健康宣教、中西医结合防治等线上医疗健康服务，打造健康管理服务闭环。

公司提供智慧医疗健康产品：为医疗机构、企业和个人提供各种嵌入物联网技术的智能医疗健康产品，包括智慧云诊室及智慧云药房、健康一体机、智慧医疗设备等，以满足社区、企业、家庭等场景下的多样化医疗健康需求，实现全场景、持续化的健康监测，为用户健康保驾护航。

第五章　问题与矛盾

当前，在银发经济发展过程中仍然存在相关要素配置不完善的问题，主要表现为银发经济专业人才不足、银发产业资本投入不充分、政策保障体系不完善、体制机制不健全。因此，应针对存在的问题，加强顶层设计和制度要素保障，确保银发经济高质量发展。

一、人才

人才问题是当前银发消费市场的痛点问题。由于缺乏专业综合性人才的支撑，银发消费市场供需矛盾层出不穷。例如，很多学了护理的专业人才不愿加入这项事业，专业职业经理人也是遍地难寻，而一般职业管理者普遍缺乏银发服务的基本知识和经验。我国银发消费产业较其他国家来说还处在初级阶段，还没有制定整体的人才培养机制和人才培养标准；银发服务产业不是高利润行业，产业投入回报率不高，同时行业的社会认同率也较低，所以大部分进入该行业的职工几乎都是非专业人员，且人员整体学历水平、综合素质水平相对较低。这就导致原本对专业需求较高的银发群体无法找到适合的专业性人才。此外，银发消费市场的志愿者队伍数量不足。虽然大多数的志愿者都积极热情服务但缺乏相关专业知识和专业技能，没有经过专业的技术培训和心理教育，无法更好地满足银发群体需求。

庞大的银发群体继续服务社会的意愿强烈，但是由于政策支持不足、就业环境不优，还未形成开发银发人力资源的整体合力。因信息系统成熟度不高、数据支撑不足、专业中介机构少，银发岗位多为保安、保洁。高龄高智人力资源发挥作用渠道狭窄，仅有15.9%的退休人员继续发挥作用，30.4%的退休人员因缺乏相关渠道无法再就业。当然，领取退休金的银发群体无法缴纳工伤保险，也是用人单位不敢使用的原因之一。

二、资本

1. 市场拉动力不足

银发群体消费能力、意愿不强。据统计，48.4%的城市老年人面临的主要生活困难是养老金少、经济负担重，农村老年人普遍手头不宽裕，尤其是勤俭节约思想根深蒂固，银发群体消费被动保守。另外，老年消费欺诈与侵权等问题严重影响银发群体的消费体验。

2. 政府投入不足

(1)政策投入不足

我国虽已在银发产业和服务上出台了一些政策，但就目前现状来看，政府扶持力度仍不到位，未能形成较为完善的政策体系。这种状况不仅使企业面临不平等竞争和资金困难等挑战，同时也在一定程度上制约了企业开发银发市场的积极性。

在国家层面，国务院分别于2013年9月发布了《国务院关于加快发展养老服务业的若干意见》、2017年2月发布了《"十三五"国家老龄事业发展和养老体系建设规划》、2019年4月发布了《关于推进养老服务发展的意见》等文件，但这些文件多将注意力放在养老服务方面，对养老地产和老年教育等方面的关注不足。另外，在专门针对老年群体的扶持政策层面，工业和信息化部等五部门在2019年12月联合印发的《关于促进老年用品产业发展的指导意见》和国家对养老院的扶持政策等，较多地指向产业发展总体方向，而对产业扶持技术、金融扶持环境以及企业融资手段和渠道等方面则涉及不多，且缺乏具体的扶持行动。例如，企业在参与养老服务方面依然存在政策落实难、准入审批难和融资贷款难等问题，致使一些企业因为能力不足或市场调研、挖掘成本太高望而却步。

(2)市场监管投入不足

当前银发市场上存在各种欺诈现象，究其原因是整个银发市场的监管体系不完善、规范和标准相对缺乏以及引导工作不到位等，从而在一定程度上导致市场扭曲、秩序混乱。2020年12月，《国务院办公厅关于建立健全养老服务综合监管制度　促进养老服务高质量发展的意见》关注更多的是机构、服务人员和补贴资金的监管，其他方面则涉及不多。2021年6月，中国银保监会发布的公告指出，银发市场仍有大量诈骗现象存在。当前银发市场上出现的产品和服务，如老龄保健品和老年人代步车等，很多不符合相应的规范标准，甚至还有部分商家进行虚假宣传以骗取老年人钱财，这都严重扰乱了银发市场秩序。同时，专门针对银发市场的评估监管标准和服务标准的不一致，也使市场上“欺、瞒、骗”等坑老、损老、伤老的现象屡禁不止，严重削减了银发群体的消费热情，损害了银发群体的消费权益，影响了我国银发经济的发展。

3. 产业发展滞后

银发消费产业相对于其他消费产业发展滞后，许多企业认为银发消费产业福利性大、风险大、利润小，从而避开银发消费产业，这就导致银发消费产业规模小、产业链不完善，产业集群做不起来，没有龙头企业，不能形成规模效应。此外，银发消费产业研发投入小、创新动力不强、产品技术含量低，使得生产的产品和服务不能很好地满足老年人的实际需求。从银发产品上看，大多数都是中、低端消费产品，无知识产权且结构单一，而随着社会保障水平逐渐提高，老年人的生活质量需求也在逐步提升，针对老年人的中、高端消费产品相对匮乏，银发产品总体上缺乏个性化、多样化、层次化。从银发服务上看，更是发展不均衡，一般性生活料理服务、医疗保健服务居多，而老年教育服务、社会参与服务、文体娱乐服务等个性化服务较少。目前高龄老人大多对一般性服务需求较多，如康养服务、医疗服务等。初老银发群体的文化程度和心理需求程度相对高龄老人来说较高，对个性化服务需求明显增加，如文化旅游服务、老年教育服务和精神慰藉服务等，这些都导致了银发服务需求供需矛盾增大。

三、政策

党的二十大报告提出，增进民生福祉，提高人民生活品质，推进健康中国建设，实施积极应对人口老龄化国家战略，发展养老事业和养老产业，优化孤寡老人服务，推动实现全体老年人享有基本养老服务。各级政府针对银发消费产业也制定了一系列优惠政策，但相关政策支持力度仍然不足。银发消费产业具体的法律法规不完善，没有明确规定行业服务标准和统计标准，行业定位不全面，并且相对应的配套设施供给不足，这些都导致了银发消费产业发展不均衡、银发消费市场不规范。从银发消费产业整体看，政府对银发消费产业定位不充分，对银发消费市场调研不到位，对银发消费产业扶持力度不足，政策支持度低，在一定程度上导致了银发消费产业盈利困难，企业不愿投资，以至于银发消费产业无法做大、做强。例如，有的银发消费企业资金投入不足且融资渠道单一，出现融资难、资金紧张的情况后无法解决，有的则是配套措施供给跟不上银发消费产业发展步伐，这些都在一定程度上限制了银发消费产业的发展壮大。从银发消费市场看，市场没有明确的准入准则，行业标准定位不明确，具体法律法规不完善，行业整体的服务标准和统计标准都未有明确规定，政府监管部门无法按照标准及时进行监督管理，致使监管不到位，这就导致银发消费市场管理出现缺陷，从而影响整个银发群体消费质量的提升。

受制于银发经济的微利属性，短期内供给体系很难以盈利实现能力的自我提升，大部分银发消费产业供给商处于亏本经营或依靠财政补助度日的尴尬境地，规模化、连锁化、品牌化发展的养老机构凤毛麟角。而且银发消费产业体系缺乏顶层设计，产业组织建设薄弱，专业化水平偏低，如老年地产涉及地产、养老、医疗、文化等领域的资源融合，而且产业生态还未形成，高品质、可持续的养老服务跟不上。

四、机制

1. 养老服务供需不适配、不协调

一方面，政府办养老院、部分高端养老机构入住率相对较高，价格适中、服务优质、具备长护险报销资质的失能老年人照护机构“一床难求”。另一方面，中端养老机构入住率偏低，盈利空间小，甚至出现亏损，如山东省养老机构床位使用率仅为44%。另外，山东省96%的老年人需要居家养老，上门照护、医疗护理服务需求巨大，但是居家社区养老处于起步阶段，现有城乡社区养老服务设施仅占村（居）委会总数的39%，而且服务单一。

2. 医养结合、医养融通尚未推开

山东省是养老机构长护险的发端省份，但是目前覆盖率不高，仅有济南、青岛、东营以及部分县（市、区）建立了居民长护险，而且康复辅具没有被纳入医保报销范围，普通家庭难以承受。医疗和养老机构自成系统，绝大多数养老院只提供基本养老服务，无法提供医疗服务，许多患有慢性病、失能或半失能老人不得不长期住院占用医院床位，

而医院又不具备完善的养老配套服务设施。

3. 银发消费市场规范程度不够

当前银发消费市场布局不完善，市场的定位、层次、秩序相对混乱。随着人民物质生活水平的逐步提高，健康、快乐、长寿已经成为众多银发群体的共同需求，这就给银发消费市场带来了巨大的商机，许多企业都在努力向银发群体提供更多优质的服务。但是由于银发消费市场尚处于新发展阶段，没有明确的市场规范和行业服务标准，并且随着银发消费市场规模的不断扩大，银发消费市场出现了定位不准确、层次细化不到位的问题。众所周知，银发群体的分化较为明显，其消费观念、方式也随着分化程度有所不同，无论是按居住地分为城市银发群体、乡村银发群体，还是按年龄结构分为初老银发群体、中老银发群体、高龄银发群体，甚至按健康状况分为不能自理银发群众、半自理银发群众、能自理银发群体，他们的消费观念、方式都有所不同。而当前的银发消费市场并没有按照银发群体分化方式进行系统定位和细分，从而导致了银发消费市场布局不合理，影响了银发群体整体消费情况。另外，银发消费市场乱象丛生，许多商家为了吸引老年人，售卖与产品功效完全不符的产品，只要吃不死或者用不坏就敢推销给老年人，即使老年人发现商品或者服务有问题也不知道去哪里解决，只能眼睁睁地上当受骗，轻者造成老年人的财产损失，重者则危害到老年人的生命健康。

实践篇

第六章　模式与产业

模式是产业发展的基础，当模式达到一定规模时即形成产业。银发经济发展需要有丰富的产业模式支撑。目前，我国养老服务业出现了几种典型的模式，值得借鉴和参考，如社区居家养老服务模式、机构养老服务模式、医养结合服务模式。银发经济发展需要雄厚的产业基础，银发经济涉及的产业主要包括银发食品和保健食品产业、银发康复产业、医疗器械产业、银发日用品产业、银发家居和服饰产业、银发交通产业、银发信息服务产业、银发金融服务产业、银发传媒娱乐游戏产业、银发教育产业、银发旅游产业、银发康复医疗服务产业、银发居住设施产业等。

一、模式基础理论

什么是模式？弗兰卡·帕彭廷将其定义为：通过一定数量的关系连接在一起的一定数量的对象。因此，模式是一种结构、一种规律、一种方法、一种理论。模式是产业发展的基础，当模式达到一定规模时即形成产业。

1. 养老服务

丁志红和王莉莉等学者提出，养老服务是人力、财力、物力等养老资源的提供者，以满足老年人生存、发展和享受多层次需要为目的，向老年人提供生活照料、健康服务、医疗护理、亲情慰藉等社会行为。

王立剑等学者把养老服务界定为，家庭、政府、社会以安定老年人生活、维护老年人健康、充实老年人精神生活、弘扬尊老敬老爱老美德为目标，提供的老年人生活照料、医疗护理、精神慰藉等服务的总称。

从以上学者们对养老服务的界定看，养老服务的对象是老年人，内容主要包括生活照料、医疗护理、精神慰藉三个方面。

2. 社会化养老服务

社会化养老服务是针对我国家庭养老功能弱化，高龄老人和“空巢”老人增多而需要从社会角度对老年人提供帮助的服务，是由政府、社会组织、企业、志愿者为老年人提供各种生活所需的服务。社会化养老服务强调养老服务的社会化供给，主要提供者是政府、社会组织、企业、志愿者。社会化养老服务可以分为福利性养老服务、非营利性养老服务和商业性养老服务。

3. 养老服务业

养老服务业是我国的一个新兴产业，有广义和狭义之分。广义的养老服务业泛指一切为满足老年人特定需要而提供产品和服务的行业，包括老年食品业、老年用品业、老年医疗保健业、老年保险业、老年旅游业、老年文化教育业等。狭义的养老服务业则局限于为老年人提供家政服务、疾病护理、精神慰藉等生活照顾性的服务。本书所指养老服务业是狭义的养老服务业。

二、养老服务业的主要模式

1. 模式一——社区居家养老服务

《关于全面推进居家养老服务工作的意见》对居家养老服务的概念进行了界定。居家养老服务是指政府和社会力量依托社区，为居家的老年人提供生活照料、家政服务、康复护理和精神慰藉等方面服务的一种服务形式。它是对传统家庭养老模式的补充与更新，是我国发展社区服务、建立养老服务体系的一项重要内容。

马驳、秦光荣等学者在《关于应对人口老龄化与发展养老服务的调研报告》中对居家养老服务进行了界定。居家养老服务是指以家庭为基础，在政府主导下，以城乡社区为依托，以社会保障和社会服务制度为支撑，由政府提供的基本公共服务，企业、社会组织提供专业化服务，基层群众性自治组织和志愿者提供公益互助服务，满足居住在家的老年人社会化服务需求的养老服务模式。居家养老服务应当符合以下四个基本要素：第一，居家养老服务的对象是居住在家中的老年人；第二，居家养老服务的经济支持和服务提供来源多样；第三，居家养老服务是专门的、多层次的服务；第四，居家养老服务必须依托于社区服务。

自 2000 年在部分省份开展试点以来，我国社区居家养老服务发展迅速。

(1)规范性文件和政策

关于社区居家养老服务的专项标准和政策文件除了以上有关养老服务的政策和法规文件外，我国还出台了一系列有关社区居家养老服务的专项标准和政策文件。国家层面制定了居家养老服务规范，并在 2016 年、2017 年、2018 年先后印发了《关于确定 2016 年中央财政支持开展居家和社区养老服务改革试点地区的通知》《关于确定第二批中央财政支持开展居家和社区养老服务改革试点地区的通知》《关于确定第三批中央财政支持开展居家和社区养老服务改革试点地区的通知》等，分别将北京市丰台区等 26 个市（区）、北京市西城区等 28 个市（区）、北京市通州区等 36 个市（区）作为首批、第二批和第三批的国家居家和社区养老服务改革试点区域，同时印发了《中央财政支持开展居家和社区养老服务改革试点工作绩效考核办法》，财政支持与绩效考核相结合，有效促进居家和社区养老服务发展。

（2）社区居家养老的服务内容

我国社区居家养老的服务内容不断拓展。以上海为例，近年来上海逐步尝试推广社区居家养老项目化服务、集约化运作新模式，依托养老机构、服务网点、家政公司等社区服务资源，进一步拓展老年人日常送餐、洗澡、理发等菜单式、组合式的服务内容，推进社区居家养老服务项目化发展、集约化运作，提升了专业化服务水平。同时在原有的以助餐、助浴、助洁、助行、助医、助急“六助”为主要服务内容的基础上，上海社区居家养老服务内容不断延伸与拓展，增加了生活护理、康乐服务、家庭病床等，形成了“十助”的主要服务内容。

（3）社区居家养老的社会参与

在中央财政支持下，培育和打造一批品牌化、连锁化、规模化的龙头社会组织或机构、企业，使社会力量成为提供社区居家养老服务的主体。在试点基础上，吉林省在 2015 年已有约一半的城市社区依托社会力量开展了居家养老服务。北京市已构建居家配送服务体系，发展养老服务单位 1.5 万家。

2. 模式二——机构养老服务

根据 MBA 智库百科的定义，机构养老是指以社会机构为养老主体，依靠国家资助、亲人资助或老年人自备的形式获得经济来源，由专门的养老机构，如福利院、养老院等，统一为老年人提供有偿或无偿的生活照料与精神慰藉，以保障老年人安享晚年的养老方式。我国养老机构的服务内容主要包括日间生活照料、医疗保健、康复护理、精神慰藉、休闲娱乐等多方面的服务。

根据投资兴办主体(即为养老机构的硬件建设提供资金的个体或组织)的不同,我国养老机构总体上可分为公办和民办两种类型。公办养老机构一般由政府或集体组织投资兴办。民办养老机构一般由政府和集体组织以外的其他社会主体投资兴办,包括企业、社会组织或个人等。在养老机构的发展中,目前我国正在形成多元投资主体的局面,其中政府是养老机构的主要投资、建设与运营主体。随着福利社会化进程的加快,企业、个人和社会组织等其他投资主体也在踊跃加入。

(1)机构养老服务的专项标准和政策文件

除了有关养老服务的政策和法规文件外,我国还出台了一系列有关机构养老服务的专项标准和政策文件。国家层面制定了《养老机构基本规范》等。国家民政局先后制定了多项法律法规规范养老机构市场准入,简化许可程序,优化办事效率。

(2)养老机构的床位数

据统计,2017 年我国各类养老床位合计 744.8 万张,比 2010 年增加了 428.1 万张,7 年间每年平均增加 61.2 万张;每千名老人拥有养老床位 30.9 张,比 2010 年增加了 13 张多,7 年间每年平均增加近 2 张。

我国每千名老人拥有床位数存在明显的区域差异。每千名老人拥有床位数超过 35 张的有内蒙古、浙江、宁夏、江苏、山东、青海、北京、贵州、安徽 9 个省份,其中内蒙古最多,每千名老人拥有床位数多达 58.32 张;每千名老人拥有床位数低于 25 张的有河南、福建、天津、辽宁、湖南、云南、山西、西藏 8 个省份,其中西藏最少,每千名老人拥有床位数仅为 14.24 张,仅为内蒙古的 1/4。

(3)养老机构的服务内容

从具体的服务内容来看,养老机构主要为老年人提供日常生活照料、医疗保健、康复护理、膳食、娱乐等方面的服务。“十二城市调查”数据显示，基本生活服务是被调查养老机构的主要服务内容，还包括生活照料服务、膳食服务和休闲娱乐服务。有近 2/3 的养老机构提供精神慰藉(64.3%)和临终关怀(64.3%)服务，超过一半的养老机构提供医疗保健(54.9%)、康复护理(59.6%)和陪同就医(51.4%)服务，也有一半以上的养老机构提供咨询服务(55.7%)和志愿者服务(56.9%)，仅有不足 1/3 的养老机构提供老年教育服务(32.2%)。整体来看，被调查的养老机构以提供生活照料服务和基本的医疗、康复及休闲娱乐服务为主，个人发展层面的服务提供较少。

(4)养老机构的服务人员

《中国民政统计年鉴・2017》统计数据显示，2016 年我国养老机构的职工有 338793 人，比 2015 年增加了 20553 人。从性别构成看，女性职工为主，占 57.7%；从文化程度构成看，职工文化程度不高，专科、本科及以上文化程度分别占 16.9%、10.3%；从年龄构成看，46 岁及以上的比重最高，为 38.4%，35 岁以下的比重最低，仅为 24.5%；从职业资格水平看，助理社会工作师的比重很低，占 1.5%，社会工作师的比重更低，仅为 1.2%。另外，2016 年养老机构的志愿者服务数累计 446287 人次数，志愿者服务时间累计 1315605.8 小时。

(5)机构养老的社会参与

截至 2017 年 9 月，我国注册登记的养老机构达 2.8 万余家，同期全国民办养老机构达到 1.25 万余家，占养老机构总数的 44.6%。一些省市的民办养老机构的比例更高。如 2016 年浙江省民办养老机构 1271 家，占全省养老机构总数的 58.7%，比 2012 年上升了 9.2%，且从 2013 年开始占全省养老机构总数的比例超过了 50%；民办养老机构床位数 23.76 万张，占全省养老机构床位数的 61.9%，比 2012 年上升了 15.1%，且从 2014 年开始占全省养老机构床位数的比重超过了 50%。

3. 模式三——医养结合服务

医疗卫生和养老服务相结合，是将生活照料和医疗康复融为一体的新型养老服务模式。这一模式在强调对老年人提供生活照料服务的同时，将满足老年人健康与医疗服务方面的需求放在同等重要的位置，着力实现医疗资源与养老资源的结合、医疗服务和养老服务的融合。

（1）我国医养结合的专项政策文件

2013年以来，国家先后出台了《关于促进健康服务业发展的若干意见》《关于加快推进健康与养老服务工程建设的通知》《关于推进医疗卫生与养老服务相结合的指导意见》《关于做好医养结合服务机构许可工作的通知》等10多个重要政策文件，都对养老服务与医疗卫生服务相结合提出了明确要求。其中，《关于推进医疗卫生与养老服务相结合的指导意见》明确了五方面的重点任务：一是建立健全医疗卫生机构与养老机构合作机制，二是支持养老机构开展医疗服务，三是推动医疗卫生服务延伸至社区、家庭，四是鼓励社会力量兴办医养结合机构，五是鼓励医疗卫生机构与养老服务融合发展。

（2）我国医养结合的试点

2016年6月，国家卫生计生委联合民政部发布了《关于确定第一批国家级医养结合试点单位的通知》，确定了北京市东城区等50个地区作为第一批国家级医养结合试点单位；9月发布了《关于确定第二批国家级医养结合试点单位的通知》，确定了北京市朝阳区等40个地区作为第二批国家级医养结合试点单位。浙江省3个国家级（杭州市、温州市、嘉兴市）和9个省级（杭州市、温州市、德清县、嘉善县、新昌县、金华市金东区、龙游县、台州市路桥区、遂昌县）试点地加强规划引领，把医养结合工作纳入为民办实事内容，开展了积极、有效、有创新的探索。嘉兴市出台《“医养结合”试点实施方案》，截至2017年年底全市76.5％的养老机构和91.9％的照料中心实现医养结合；建立并实施长期护理制度，制定出台《嘉兴市长期护理保险暂行办法》和4个配套细则，为医养护一体化深入发展夯实了基础。

(3)我国医养结合的主要方式

目前，国内不少地方在医养结合方面进行了一些探索，主要采用5种方式。一是养老机构内设医疗机构。一些规模较大的养老机构设置了医务室、护理站等医疗机构，为老年人提供医疗护理服务。2017年上海全市703家养老机构有283家内设医疗机构，占养老机构总数的40.3%，符合条件的经批准纳入医保联网。二是养老机构和医疗机构签约合作。不具备设置医疗机构或医疗服务能力弱的养老机构，可与周边医疗机构签订合作协议，或者由有能力的医疗机构托管其内设医务室，选派医护人员开展医疗服务。如杭州在全市范围内开展医养护一体化签约服务，成立"1＋1＋X"模式的医养结合联合体(1家市级或县级医院＋1家社区卫生服务中心或乡镇卫生院＋X家养老机构和居家养老服务照料中心)，建立医养护一体化健康服务信息平台(包括签约医生预约、亲情养老等10多项功能)，满足老年人多元化的健康养老需求。2017年，浙江养老机构与医疗机构签约的有1241家，占养老机构总数的56.9%。2017年，上海养老机构与医疗机构签约的有536家，占养老机构总数的76.2%。三是医院直接兴办或者经营养老机构。如重庆医科大学附属第一医院投资兴建了集生活照料、医疗护理、康复理疗等功能为一体的青壮老年护养中心，设置养老床位3000张、医疗床位1000张，入住老年人生病可直接在该中心获得治疗，病情加重时可以通过绿色通道直接转送重庆医科大学附属第一医院救治。四是家庭医生签约。很多地区把家庭医生签约服务作为重要抓手，将老年人作为重点签约人群，使居家老人在家就能享受有品质、连续且方便快捷的健康养老服务。五是社会组织参与护理服务。在很多地区，具有护理专长的社会组织通过政府购买服务向社区老人提供护理服务。

三、银发经济产业

1. 银发食品和保健食品产业

(1)银发食品的概念界定

2015 年 4 月 24 日,第十二届全国人民代表大会常务委员会第十四次会议修订《中华人民共和国食品安全法》,将食品定义为各种供人食用或者饮用的成品和原料以及按照传统既是食品又是药品的物品,但是不包括以治疗为目的的物品。而 1994 年《食品工业基本术语》对食品的定义为可供人类食用或饮用的物质,包括加工食品、半成品和未加工食品,不包括烟草或只作药品用的物质。银发食品是指特别针对老年人群开发的适合老年人群食用的食品。本节主要指有机食品,有利于保养老年人的元气。

(2)银发食品的概念界定

《保健(功能)食品通用标准》(GB 16740—1997)规定:"保健(功能)食品是食品的一个种类,具有一般食品的共性,能调节人体的机能,适于特定人群食用,但不以治疗疾病为目的。"《食品安全国家标准 保健食品》(GB 16740—2014)规定:"声称并具有特定保健功能或者以补充维生素、矿物质为目的食品。即适用于特定人群食用,具有调节机体功能,不以治疗疾病为目的,并且对人体不产生任何急性、亚急性或慢性危害的食品。"所以在产品的宣传上,也不能出现有效率、成功率等相关的词语。保健食品的保健作用正在逐步被广大群众所接受。中国内地一般称为"保健品",中国港澳台地区和国外则一般称为"膳食补充剂"(Dietary Supplements)。保健食品具有食品性质,如茶、酒、蜂制品、饮品、汤品、鲜汁、药膳等,具有色、香、形、质要求,一般在剂量上无要求。银发保健食品是指特别针对老年人群开发的保健食品，如对心脑血管、运动功能有保护作用的保健食品。保健食品与一般意义上的食品或药品均有区别。

其与一般食品的区别在于，保健食品含有一定量的功效成分，能调节人体的机能，具有特定的功效，适用于特定人群。一般食品不具备特定功能，无特定的人群食用范围。人体需要的营养素有很多，如水、蛋白质、脂肪、碳水化合物、维生素、矿物质、膳食纤维等，营养品一般都富含这些营养素。而保健食品是具有特定保健功能、只适用于特定人群的食品，它的营养价值并不一定很高。所以，人体需要的各种营养素还是要从一日三餐中获得，但保健品在某些保健功能方面可能更好。

其与药品的区别在于，保健食品不能直接用于治疗疾病，它是人体机理调节剂、营养补充剂，而药品可直接用于治疗疾病。两者的区别具体表现在以下几方面：首先，生产及配方组成不同。药品的生产和技术条件都要经过国家有关部门严格审查，并通过药理、病理、病毒方面的严格检查及多年的临床观察，经有关部门鉴定批准后，方可投入市场。而保健食品无须经过医院临床实验，可直接投入市场。药品必然具有确切的疗效和适应证，不良反应明确，保健食品则不然。其次，生产过程的质量控制不同。作为药品的维生素类产品（药字号）必须在制药厂生产，生产过程中的质量控制要求很高，如空气清洁度、无菌标准、原料质量等，要求所有的制药环节都要达到药品生产质量规范（GMP 标准），而作为食品的维生素类产品（食字号）则可以在食品厂生产，标准比药品生产标准低。再次，疗效方面不同。药品一定要经过大量临床验证，并通过国家药品食品监督管理局（SFDA）审查批准，有严格的适应证并有一定疗效，而作为保健食品则没有治疗作用，仅仅检验污染物、细菌等卫生指标，合格即可上市。最后，说明书和广告宣传方面也不同。药品一定要有经过 SFDA 批准的详细的使用说明书，标明适应证、注意事项、不良反应，要求十分严格，而保健食品的说明书不像药品这样详细、严格。

(3)主要特点

食品对人体的作用主要有两大方面,即营养功能和感官功能,有的食品还具有调节功能。食品的营养功能是指食品能提供人体所需的营养素和能量,满足人体的营养需要,是食品的主要功能。食品的感官功能是指食品能满足人们不同的嗜好要求,即对食物色、香、味、形和质地的要求。良好的感官功能能够刺激味觉和嗅觉,兴奋味蕾,刺激消化酶和消化液的分泌,因而有增进食欲和稳定情绪的作用。食品的调节功能即食品可对人体产生良好的调节作用,如调节人体生理节律,提高机体的免疫力,降血压、血脂、血糖等。因此,凡是具调节功能的食品都可称为“功能性食品”或“保健食品”。

保健食品指具有特定保健功能的食品,即适合特定人群食用、具有调节机体功能、不以治疗疾病为目的的食品。它由一般食品所使用的材料或成分加工而成,以通常形态和方法摄取,并标有生物调整功能的标签。

(4)产品分类

食品的成分一般可以划分为内源性物质成分和外源性物质成分两大部分。其中,内源性物质成分是食品本身所具有的成分,而外源性物质成分则是食品从加工到摄食全过程中人为添加或混入的其他成分。根据含量,食品的成分大致分为八类,即蛋白质、脂肪、糖类(亦称“碳水化合物”)、无机质(亦称“矿物质”)、维生素、水、膳食纤维素(统称“纤维素”)和甲壳素等。保健食品根据需求分类,主要可分为营养补充类保健品、疾病预防或改善类保健品、特定功能性保健品等三类。营养补充类保健品是用于补充一种或多种人体所必需的营养素的食品,如补充维生素 A 等,以吃的方式为主。疾病预防或改善类保健品通过吃或仪器使用达到效果,像是吃调节血压或血糖的食品,或是通过运动及按摩等方式达到预防疾病的效果等。特定功能性保健品主要是指具有显著疗效的产品,如患有谷类蛋白过敏症的病人,只能吃经过特殊处理,将小麦蛋白、米蛋白等萃取出来的谷类食品。

2. 银发康复、医疗器械产业

(1)概念界定

康复医学是一门有关促进残疾人及患者康复的医学学科。更具体地说,康复医学是为了实现康复的目的而应用有关功能障碍的预防、诊断和评估、治疗、训练和处理的一门医学学科。康复医学又称为"第三医学"(临床医学为第一医学,预防医学为第二医学)。现代医学体系已把预防、医疗、康复相互联系,组成一个统一体。康复医学起始于第二次世界大战之后,原以残疾人为主要服务对象。现代康复医学是近半个世纪以来蓬勃发展起来的,它的发展是人类医学事业发展的必然趋势,也是现代科学技术进步的结果。

在开展康复治疗时,治疗师需要借助一定的器械、设备对患者进行训练治疗,或是需要借助一些设备来帮助患者弥补功能缺陷。这些设备统称为"物理与康复治疗设备",通常简称为"康复设备"。

狭义的银发康复器械通常指老年人康复医疗中用于康复训练与治疗、帮助功能提高或恢复的器具。广义的银发康复器械是指为改善老年功能障碍者功能状况而采用适配的或专门设计的器具、设备、仪器、技术和软件。适老辅助器具指的是适合失能老年人在一定环境下使用的器具,也称为"辅助器具"或"辅具"。

(2)主要特点

第一,自成体系。与其他医学设备不同,康复设备源于物理治疗和假肢矫形器的应用,其发展演进也是随着康复治疗重点以及康复理论的演进而不断进化的。因此康复医疗设备自成体系,与其他临床专业设备不太相同。第二,种类繁多,碎片化严重,尚无统一分类标准。由于康复医学自身的亚专业众多,康复治疗本身的特点又需要多学科共同参与,再加上康复治疗理论也还处于不断优化过程中,因此康复设备产业发展极为凌乱,碎片化严重,根据不同标准有多种分类方法,业界目前尚没有统一的分类意见。第三,起步较晚,发展迅速。虽然康复设备的生产研发历史很长，但相对于其他医学设备起步较晚。随着社会的进步和对康复医疗需求的不断增长，康复设备产业的发展呈现出加速度的态势。尤其是近年来，随着以美国为代表的“黄金十年”计划的展开，康复产业迎来了爆炸性增长的新时代。

(3)产品分类

康复器械产业主要分两类：一是用于诊断、评估、治疗和监护的仪器设备，需求对象主要是综合医院的康复科及康复医院等；二是各类能帮助有功能障碍的人提高生活质量的辅具，起功能代偿作用，如假肢等。

康复器械产品种类繁多。按照康复器械的功能，康复器械产品分为12个主类、130个次类和781个支类。按照应用领域分类，康复器械包括康复医疗器械、康复教育设备和辅助器具等。康复医疗器械类代表性产品包括：康复评定器械产品，如平衡功能检查训练系统、言语测量系统、步态分析系统、神经功能评价系统、肌力测评系统等；康复训练器械产品，如作业治疗系列、物理治疗系列、言语治疗系列、机器人辅助疗法系列等；康复理疗设备产品，如电疗设备、磁疗设备、超声器械、光学器械、水疗设备等。康复教育设备类代表性产品包括多感官综合训练室、情绪与行为障碍干预系统等。辅助器具类代表性产品包括轮椅、假肢、助听器、助视器、无障碍设施等。

3. 银发日用品、家居和服饰产业

相关研究表明，目前食品、日用品、医疗是老年消费群体的三大主要消费需求，同时服装、餐饮、旅游、营养保健、娱乐健身正成为银发族体的新增需求点。据预测，2014～2050年，中国老年人口的消费潜力将从4万亿元增长到106万亿元左右，占GDP的比重将增长至33%，成为全球银发产业市场潜力最大的国家。

银发日用品、家居用品和服饰均指老年生活中的必需品或日常生活用品，而非奢侈品。绝大多数银发日用品、家居用品和服饰满足的

是老年人的刚性需求，这一类产业属于银发产业中的基础产业，而养老设施和机构等供应链上的专业家具、老年护理服务业供应链上的老年护理专业日用品等则属于银发产业中的附加产业。

老年生活日用品行业包括老年生活辅助用品、老年家居用品，以及老年服饰的生产。老年生活辅助用品包括拐杖、轮椅、助听器、眼镜、功能浴房、机械手、带有扩音功能的便携式收音机、电话、手机、呼叫器、老年心率手表、定时药盒、老年键盘、老年人放大镜、老花眼镜、老年指甲刀、老年购物车、穿衣器、穿袜器、翻身器等。老年家居用品主要是为了满足老年人居家需求，其中可分老年家具、老年生活日用品及居家装饰用品等。老年家具主要是为满足老年人因年龄带来的各种问题而对家具产生的要求，厂商须从家具的材质、款式设计等方面进行人性化的考虑。与年轻人家具不一样的尺寸及设计才能满足老年人的要求，如老年座椅、老年沙发、移动餐桌等。老年生活日用品及居家装饰用品是指适应中老年人居家生活（方便开关、方便鞋、防滑袜等）、方便家务的日用品（消毒消菌电器等）、用具（特殊筷子、餐叉、流食饮用杯、饮水瓶等）、床上用品、棉毛织品、老年家居布艺用品等。老年服饰主要包括老年服装、鞋帽和老年饰品，这一类产品主要从设计和功能上受到老年人喜爱，符合老年人的日常习惯，在设计品位上有些特殊的要求，包括具有特殊功能和适应中老年人需求的鞋帽、服装、首饰（佛珠类饰品、珠链类饰品等）、美容美发用品（老人香水、保洁用品、护肤用品）等都在此行业内。

4. 银发交通产业

(1)银发交通出行的概念

银发交通出行是指老年人借助一种或几种特定的交通工具，通过陆路、水路、空中等通道出行的方式。作为出行主体，老年人是特殊的旅客，在交通出行的选择方面，与一般旅客既有共同之处，也有不同之处。随着经济社会的发展，人们对出行方式提出了更高的要求。在社会分工日益细化的趋势下，出行方式也呈现出细分和深化的趋势，老人交通出行与普通人的出行进一步呈现出差异化和特殊化。目前，世界各地拥有汽车（包括私人轿车或公交车）、火车、有轨电车、无轨电车、云轨、自行车等各种各样的交通工具，为市民提供便利。同时，为了便利老年人出行，交通工具也逐步面向老年人和残疾人提供个性化的服务，如电动轮椅、上下楼的老年人升降机等。

(2)银发交通出行的基本特点

因老年人行动比较缓慢，反应也比较迟缓，所以老年人交通出行与普通人的出行需求之间就存在较大的差异，往往需要定制化的专业服务。总体来说，银发交通出行主要有安全性、便利性、实用性、可承受性和舒适性等特点。老年人在所居住的城市中出行比较频繁，更需要方便快捷、价格合理的公共交通工具和出行方式。

第一，安全性。安全性是银发交通出行最基础的要求。由于老年人的身体状况一般不如普通人，老年人出行时必须非常谨慎。例如，全世界约有2亿以上人群患有骨质疏松，我国骨质疏松患者居于世界首位，约9000万人，60岁及以上老年人的骨质疏松发生率为56%。普通人摔一跤可能没有大问题，但老年人由于骨质疏松，一个微小的动作就可能造成巨大伤害。这就需要老年人在出行方面选择安全系数高、质量较好的交通工具，还要根据自己的实际情况，选择安全性高的交通通道。在城市规划建设中，针对老人集聚和经常出入的区域，要尽量选择安全系数较高的基础设施、装置以及相应的服务方式。

第二，便利性。老年人出行考虑的第二个关键因素就是便利性。老年人出行往往需要照护人员跟随，需要更多的配套设施和服务。如果相关的人员、设施过多，也会造成老年人出行较为困难，从而阻碍老年人的交通出行。这就需要设计一些方便老年人出行的基础设施和服务设施，以及提供相应的服务。例如，很多城市使用低门公交车，地铁上专门设有供轮椅放置的安全区域。国外一些城市的公交车配有液压系统，在公交车靠站台后，公交车的阶梯可以下降到与站台平齐，方便轮椅以及老年人上下车。

第三,实用性。老年人出行需要的交通工具和服务要体现实用性,否则无法满足老年人的需求。例如,在国外部分发达城市,老年人出行用电动轮椅作为代步工具。由于电动轮椅功能比较齐全,老年人出行“驾驶”电动轮椅就可以完成很多事情,而不需要陪护。

第四,可承受性。费用问题是影响老年人交通出行的一个重要因素。一些城市为老年人提供了免费或者优惠的交通出行基础设施和服务。

第五,舒适性。由于老年人身体状况相对较差一些,出行时容易出现身体不适的情况,甚至一些细微的不适就可能引起大问题,因此老年人对出行的舒适度要求相对较高。

(3)主要交通工具

第一,步行。步行是银发交通最常见的交通方式,虽然交通工具非常简单,不用或者利用一些拐杖、轮椅等工具进行,但对老年人而言却是最主要的活动和交通方式。但同时由于一些老年人身体情况比较差,平衡能力下降、脑部正常功能生理性减退,甚至有颈椎病、腰椎病、耳鸣及其他耳部疾病、神经变性类疾病等,所以在走路过程中,老年人可能会有走路不稳、突发疾病等很多的情况发生。这些症状可能不会影响到正常的生活,但是如果不注意治疗和控制的话,对于身体健康来说是非常不利的。在严重的情况下,其还可能会对生命安全造成很大威胁。如果老年人在走路过程中出现了类似情况,需要及时进行有效的治疗和控制。在老年人日常步行较多的道路周边,还需要配备必要的救助医疗器械。

第二,公共交通。公共交通是老年人青睐的交通方式之一,特别是在城市中。世界卫生报告提到老年友好的交通工具时,重点对城市公共交通进行了评估和要求。报告指出,所有的地区都应该安排充足的而且是直达的交通路线,方便老年人到达市郊和相邻的城市。各交通站点之间应有直达的公共交通工具。交通工具是方便出入的,所以上下车的门要低，台阶不能太高，椅子要宽敞且不能太低。交通工具应保持清洁而且经常保养。交通工具要标明牌号和沿路各站点的名称，要专门为老年人和残疾人提供方便其行动的服务。公共交通服务应提供爱心座位，而且应倡导其他乘客主动让座给老年人和残疾人。公交司机应该有礼貌，严格遵守交通规则，在指定的停靠点停车，在发动车之前要等老年人坐稳，而且停车时应紧靠站台，方便老年人上下车，从而保证老年人的人身安全。公共交通要严厉打击犯罪，保持交通畅通。沿路公交站点应紧靠老年人的居住地，提供爱心座位和遮雨篷，而且要干净安全、灯光明亮。车站要方便出入，出入口处要有坡道、自动扶梯、电梯、高度合适的站台、公共厕所和醒目的路标。公交站点要设置在方便到达的地点。车站人员要待人礼貌周全而且乐于助人。相关部门应该提供足够的信息让老年人知道怎样使用公共交通工具以及服务的范围。运行时间表要清晰，而且很容易得到，要清楚地标明残疾人可以搭乘的公交线路。

第三，铁路。我国铁路基础设施建设不断完善，特别是高铁的快速发展，为老年人提供了更加安全、舒适的出行方式。身体状况不好的老年人在旅行前都应体检，征得医生同意后方可出行，然后再根据各自的身体状况和病情，选定出行时间，最好有人陪同照顾，没有专人陪同的最好与铁路部门联系相关事宜。

第四，飞机。由于飞机航行快捷、平稳、舒适，且随着飞机交通服务的便利化与人性化，老年人出行越来越方便，坐飞机出行成为老年旅客长途旅行的主要交通方式之一，高龄老人单独坐飞机也更加平常。一般来说，身体状况较好、心脏功能没有明显障碍的老年人是可以坐飞机的。但同时，老年人的适应能力比较弱，乘飞机高空飞行时需要一定的适应时间，加上多患有慢性疾病或其他疾病，发生紧急情况时救助很不方便。因此，乘飞机出行对于高龄老人来说更要慎重。对此，不同航空公司对老年人乘机有不同规定。如有的航空公司不承运 80 岁以上的老人，有的航空公司需要高龄老人出示医院开具的健康证明才能登机，甚至有的航空公司规定70岁以上的旅客在购票时须提供医院在半年之内开具的有效体检报告(包括心血管和呼吸道项目及其他需要提供的特殊照料等)，或出示6个月以内乘坐过飞机的机票和登机牌，经航空公司审核后才准予承运。身体状况欠佳的老年人则应视身体状况或遵循医嘱作出选择。如患有心血管疾病的老年人通常不宜坐飞机，因为对患有严重高血压和心脏病的老年人来说，大气压的变化可能引起血压升高、心脏输出量减少、呼吸困难等后果，甚至危及生命；由于飞机起降的轰鸣、震动及供氧等原因，患有脑血管疾病的老年人可能旧病复发或病情加重。另外，在为老年人预订机票时，应尽量选择设施完备、保健条件更好的大中型客机。

第五，轮船。老年人乘坐轮船出行越来越少，但邮轮旅游比较适合老年人出游，因为在邮轮上可享受慢生活，比较休闲，而且邮轮上有很多娱乐节目，老年人也不用走很多路。老年人坐邮轮旅游时，最好在出行前做一次身体检查，让医生确定其是否适宜出行。上船时，要带齐日常需要服用的药品。老年人最好在子女的陪同下出游。老年人坐邮轮时，可以选择淡季出行，缩短上下船以及排队时间，减少身体消耗。

5. 银发信息服务产业

(1)信息通信服务在银发经济中的意义

中国已成为世界上人口老龄化程度比较高的国家之一，老年人口数量多，老龄化速度快，应对人口老龄化的任务较重。科技改变生活，通过快速发展的信息通信技术辅助养老服务变得愈来愈可行，也显得愈来愈必要。全球范围内不少国家和地区都日益重视通过科技创新手段调动和挖掘老龄化相关市场的需求和产业发展动力。

信息通信服务的手段具有便捷性、高效性、易获得性、低成本性等特征，为缓解有限的养老服务资源供给和日益增长的养老服务需求之间的矛盾提供了可能。

(2)银发经济中信息通信服务的内涵和构成

银发经济中的信息通信服务一般以互联网、物联网为依托,运用通信技术、控制技术、人工智能等为老年人提供满足个性化需求的居家或者社区养老服务。

信息通信服务是智能养老产业的核心组成部分。智能养老产业是运用信息通信、人工智能等新一代技术和产品,提供信息化、智能化养老服务和产品的各相关产业形态的总称。智能养老产业中典型的信息通信服务包括以下类型:

银发智能用品制造是指面向老年人的信息通信服务中所需要的各类设施和设备的制造,包括研发、生产等环节。从功能上看,银发智能用品主要包括防护性装备、医疗康复性设备、生活辅助性设备、娱乐设备、穿戴体验性设备、实时监控性设备、智能互动设备、精神陪伴型设备等。随着科学技术的日益发展,老年人对于自身养老生活质量要求的不断提升,银发智能用品的功能涵盖范围正不断地在应用广度上拓展,也不断地在应用深度上延伸。从目前的发展趋势上看,照护服务、智能互动类的银发智能用品的需求增长较快。

银发生活家居服务一般是指在老年人的居住空间范围内,借助信息通信、人工智能等技术,提供面向老年人需求的日常家居服务。常见的生活家居服务包括老年人身体机能与状态实时检测、检测状态反馈与上报、紧急情况报警、日常活动辅助、家务处理等。生活家居服务具有明显的定制化服务特征,可根据老年人的身体状况(活跃、半失能、失能等)、居住条件、主观需求等提供具有针对性的服务。信息通信技术的高效性、实时性、交互性以及自动化特征则为上述服务提供了坚实的技术支撑。

银发医疗保健服务是老年人养老所需的重要服务类型。信息通信技术可以实现对老年人健康情况的采集、存储、传输、查询、分析处理,同时还能实现远程优质医疗服务资源的接入,提供咨询、健康教育、疾病筛查、诊断、远程治疗等服务。通过信息通信服务的帮助,人们实现了医疗保健的“医”“患”双方的实时、高效互动。对于传统上空间阻隔对于医疗服务获取造成的困难，信息通信服务也可以在一定程度上起到缓解的作用。由于健康是老年人最为关切的问题，直接影响到老年生活的幸福程度与时间长度，因此医疗保健服务在智能养老产业中具有明显优先的发展前景。

银发文化娱乐服务主要是满足老年人精神需求的一项服务。该项服务涵盖教育、文化、娱乐等领域，具体可以包括远程教育、电子游戏、沉浸式体验、数字文化活动等。

老年人的身体机能处于衰退状态，并且退休后常常会有明显的心理落差，加上子女独立生活后，更加需要心灵方面的关爱与慰藉。因此，文化娱乐服务也是不可或缺的一项重要的信息通信服务，需要充分满足适合老年人的身心特点和特殊需求。

6. 银发金融服务产业

(1)定义

随着全球人口老龄化进程的推进，老龄金融作为老龄服务业的组成部分，在西方发达国家已经比较成熟，是现代金融体系的主体板块。金融作为一种跨时间、跨空间的资源配置方式，源于公元前2000年巴比伦寺庙和公元前6世纪希腊寺庙的货币保管、收取利息的放款业务，现代金融业中的银行、保险、证券为其三大支柱。

广义的老龄金融概念中，其服务对象既包括老年人口，也包括中青年人口。服务于老年人口的产品是结合老年人资产、金融消费特点而研发的，其着眼点是老年人当前的需求；服务于中青年人口的金融产品则是根据中青年人终生财富曲线变化与财富管理需求，结合现有收入、资产特点而研发的，其着眼点是中青年人未来进入老龄阶段的需求。

银发金融服务既是金融体系的重要组成部分，又是老龄产业的重中之重。一方面，银发金融服务的产品形态、运作机制与创新发展都紧紧依托于现代金融体系的强大支撑,其自身总量大、周期长等特征又是整个金融体系稳健运行所必需的发展要素,因此,银发金融服务体系是现代金融体系的有机组成部分;另一方面,银发金融服务不仅自身是养老服务业的重要内容之一,而且通过面向银发人群的金融服务促进养老资产保值增值,为整个银发产业的全方位发展创造了扩大有效需求的可能性。因此,银发金融服务是银发产业的重要组成部分,也是最能体现银发产业内在含义的板块之一。

(2)分类

第一,银行业银发金融产品与服务。银行业提供的银发金融产品主要包括养老储蓄、养老理财等,其产品形态主要为货币,储蓄是其配置方式。同时,商业银行在进一步明确银发金融服务的定位、功能、业务范围的基础上,还开拓发行为老年群体提供特定服务的银行卡等非现金支付工具。此外,住房反向抵押贷款也是银行业在银发金融服务领域的探索尝试。

第二,保险业银发金融产品与服务。保险业银发金融产品与服务包括提供个人与团体商业养老保险、老年人住房反向抵押养老保险,研发符合养老需求的长期护理保险、健康保险、意外伤害保险等保险产品,开展养老保障委托管理业务等。

第三,信托业银发金融产品与服务。信托业银发金融产品包括各类附带养老保障的养老信托产品,以及与养老地产、老年医疗、老年健身、老年旅游等养老产业领域融合的信托产品。养老信托是以解决老年人的养老问题为目标而开展的信托业务,采用信托模式管理养老资产,不仅可以提供财富保值增值服务,同时还可以向老年人提供养老服务。养老消费信托作为养老信托的一种典型模式,是指信托公司与养老服务机构联手,投资者在购买信托产品之后,不是单纯地获得现金收益,而是同时获得养老服务的权益。养老消费信托由此具备了金融投资与养老服务的双重属性,这也是信托公司在养老领域的业务创新。

第四，基金业银发金融产品与服务。基金业银发金融产品主要是面向养老的长期投资基金，即养老型基金产品，包括生命周期基金、目标风险基金等。养老型基金是指以追求养老资产的长期稳健增值为目的，鼓励投资者长期持有，采用成熟的资产配置策略，合理控制投资组合波动风险，公开募集证券投资基金。通过大力发展养老型基金产品，基金业鼓励个人通过各类专业化金融产品投资增加财产性收入，提高自我养老保障能力。

7. 银发传媒娱乐游戏产业

在当今我国社会老龄化加速的现实下，各种关于老年人的社会问题接踵而来，其中最为普遍的就是老年人的心理和精神问题。虽然中国的人口老龄化发展速度是全世界最快的，但是专门针对老年群体的生活用品设计与开发还很欠缺，尤其是面向老年人的娱乐产品缺口极大。近些年来，随着老龄化趋势的发展和生活水平的提高，老年人的消费意识逐渐加强，对娱乐产品市场的需求量也在逐年增大。不仅如此，“空巢”现象大量出现，与子女的两地生活导致已步入老年的父母产生失落和孤寂感，他们急需一种替代性的娱乐产品来满足自己的心理需求。而新媒体的出现，使人们看到其在替代性娱乐方面有着比传统媒体更便捷的交互方式和途径，还可以通过网络极大地弥补孤居在家的老年人对精神愉悦和交流的渴望。新媒体娱乐产品的出现对年轻人来说早已不是陌生的事物，但是对于老年群体而言还是新事物，是一个不易进入的新奇世界。构建设计出符合中国老年人特点的新媒体娱乐系统不仅能提高老年用户的精神生活质量，还可以促使新媒体这种相对较新的事物进入老年群体，形成老年用户与当今现代社会紧密联系的纽带。

在新媒体引领的网络时代中，中国的老年人应从传统媒体里解脱出来，积极进入新媒体的大环境中，而这个最佳途径就是“寓教于乐”。从新媒体交互的角度出发，设计出符合老年群体操作的娱乐系统，降低学习的门槛,使他们循序渐进地加入网络中。当前计算机技术的飞速发展导致人机界面有了巨大的改进,如操作界面已经从二维显示向三维显示方向发展,操作方式也出现了非接触式的交互途径,人机交互水平从基础的视听途径向触觉、味觉、嗅觉等其他官能方式迈进。这使老年人接受新媒体不再感到困难,应用新媒体技术来解决老龄化社会中老年群体精神和心理问题成为现实。

新媒体技术在老年群体中的应用还有着重要的积极意义。先进技术的出现需要服务于当今人类社会,新媒体技术在我国逐渐步入老龄化社会的同时,必然要有所作为,而其独有的多交互途径等优势也会使老年用户在使用上更为便捷和舒适。相比传统媒介而言,感觉器官也得到了更多的利用,这不仅使信息的获取更有效,还使包括视觉、听觉在内的其他感官功能得到锻炼。中国步入老龄化社会后,老年消费市场不断扩大,针对老年消费群体的各种产品层出不穷。新媒体娱乐系统的构建与推广将在老年人娱乐市场中开辟新的领域。以新媒体技术为基础的娱乐休闲产业,在老年群体中有巨大的提升空间,开发老年用户的新媒体娱乐市场,对迅速占领消费市场领域具有积极作用。我国"空巢"老人的增多,不仅给老年人带来精神生活上的消极影响,而且对他们的子女也构成了思想和经济上的沉重负担。新媒体娱乐系统可以帮助这些孤居在家的老年人开展休闲娱乐活动,减轻精神上的空虚感,保持心理状态良好,从而使子女放心,在一定程度上能缓解家庭中的压抑情绪;在提高老年人精神生活质量的同时,减轻子女的负担,有助于家庭的和谐。

8. 银发教育产业

(1)定义及意义

银发教育服务发展的背景是银发浪潮的形成。银发浪潮的形成是一个新进的过程。在19世纪上半叶以前,世界上还没有一个国家60岁及以上老年人口占总人口数的10%以上,也就是说,那时还没有一个国家成为老龄型国家。此后不久，19 世纪 60 年代，法国率先成为老龄型国家，接着瑞典在 19 世纪 80 年代也成为老龄型国家。第一次世界大战以后，德国和英国先后成为老龄型国家。第二次世界大战之后，被银发浪潮席卷的国家越来越多。截至 1990 年，全世界已有 50 多个国家和地区成为老龄型国家或地区。现在，不仅有老龄型国家，而且许多洲由于老年人口所占比重达到 10%以上的老龄化标准而成为老龄型洲，如欧洲、北美洲、大洋洲和拉丁美洲的加勒比海地区。按现有人口年龄结构测算，到 21 世纪中叶，整个世界将成为老龄型世界。在这种情况下，银发教育也像其他老龄问题一样，引起人们越来越多的关注。银发教育是让老年人继续学习而进行的教育活动。它是整个教育事业的一个组成部分。银发教育不是为职业生涯做准备，也不是职业培训，既不同于普通教育，也不同于职业教育和专业进修教育，而是根据老年人的生理和心理特征进行的一种特殊教育。其目的是使老年人增长知识、开拓视野、丰富生活。银发教育的对象是各个层次的老年人。

银发教育的意义重大，有助于实现老年人的继续社会化，使他们更顺利地适应退休生活和新的社会角色。增长文化知识，使未受过正式教育的老年人有机会学习文化知识，使已受过正式教育的老年人的文化知识得到更新。掌握新的技术、技能，使那些身体健康并有重新就业愿望的老年人获得重新就业的能力和条件。丰富余暇生活，使老年人晚年生活过得更加充实和更富有意义。构建学习型社会，提高全民族的文化素质。增强人力资本积聚，带动社会经济增长。提高老年人的社会参与率，有利于和谐社会的构建。提高老年人的修养，有助于老年人精神文明建设。

银发教育的内容主要包括营养与保健、音乐与舞蹈、手工与园艺、文化知识、职业训练，以及对退休生活的适应等。银发教育的形式主要有讲座、学习班、老年学校、老年学院和老年大学，老年学院和老年大学是银发教育的一种普遍而重要的形式。各类老年大学的情况各异。有的老年人单独上课，有的与年轻人混合编班。有的学习正规学院的课程，计学分并可考取学位；有的学习特设的课程，不计学分也不考取学位。学习期限也由几周、几个月到一年或几年不等。老年寄宿学习计划是美国规模最大的一项银发教育计划，由教师诺尔顿于1975年在新罕布什尔州新英格兰学院首创，此后逐步扩展到全国，1984年夏季入学的老年人已达4.5万余人。这种学习通常在夏季举行，每期为时一周。老年人住在大学宿舍里，接受特地为他们设置的课程，并参加各种课外活动。法国的"第三年龄大学"也颇具特色。1984年9月，瑞士纽沙泰尔召开了老人大学国际大会，有十几个国家的150多名老年活动家参加。1983年9月，中国在山东办起第一所老年大学，1985年年底已发展到61所，学员近4万人。老年大学根据老年人的特点安排教学，受到老年人的欢迎。

(2)主要特点和模式分类

第一，终身教育的教育定位。20世纪70年代以来，终身教育、终身学习、学习社会等理念相继被提了出来，并被越来越多的国家和地区所接受，作为教育和社会改革的方向和目标。在这样的背景下，各国对银发教育的性质定位逐渐达成了共识，即将银发教育的性质定位在教育范畴内，作为人生教育的最后阶段，是终身教育的重要组成部分。

第二，社会公益性的教育属性。从银发教育的产生背景和发展条件来看，早期银发教育是在社会福利的大背景下产生的，是从社会老年救济和福利事业中脱胎出来的。从政策法规看，综观世界银发教育史，但凡发展银发教育的国家和地区，均制定了关于银发教育的政策法规，从制度上保障银发教育的发展。这些政策法规有一个共同的特点，即规定了银发教育的社会公益性质。从国际社会共识看，从1982年联合国召开第一次世界老龄问题大会通过的《维也纳老龄问题国际行动计划》，到2002年联合国第二次世界老龄问题大会通过的《马德里老龄问题国际行动计划》，均体现了银发教育的社会公益属性，并且明确指出，国家和社会要为老年人提供机会、方案，并支持鼓励老年人参与或继续参与文化、经济、政治、社会生活和终身学习。

第三，多元化的办学主体。世界各国银发教育的办学主体呈现多元化局面，有政府投资办学、高等学校办学、企业办学、社会民间力量办学、宗教团体办学、老年人自主自治办学等。其中，宗教团体办学极具代表性的国家是韩国。据不完全统计，2005 年韩国属于宗教团体的银发教育机构就有 810 个，其中属于基督教的有 644 个，天主教的有147 个，佛教的有 19 个。

第四，多样化的教育内容。老年群体是一个多类型、多层次的复杂综合体。该群体对学习内容和方式的需求是多种多样的，因而银发教育内容和方式也是多样化的。其内容有健康养生教育、文化素养教育、生活教育、娱乐休闲教育、再就业教育、社会服务教育、人文关怀等。

第五，人文关怀，主要是指退休准备教育、死亡准备教育(临终关怀教育)等。退休准备教育一般由大型企业承担，以转业、创业或再就业为主要教育内容。为做好临终关怀教育，韩国成立了由医疗善终机构专家、民俗学研究者、宗教学者、神学者以及其他社会福祉领域专家所组成的死亡学会。

第六，注重老年人力资源开发。第二次世界老龄问题大会确认“老年人是资源”，并指出老年人的潜力是未来发展的强有力的基础。社会依靠老年人的智慧、经验和技能，不但首先改善他们自己的条件，而且还能积极参与全社会条件的改善。发达国家以此为理论依据，将老年人力资源开发和利用作为应对人口老龄化的重要手段，在政策法规和培训等方面加以保障和支持。韩国于 2002 年出台了《为应对老龄化社会的高龄人力资源化计划》。日本为了拓展老年人再就业的渠道，制定了《高龄者雇佣安定法》，对雇佣高龄者的雇主进行激励，并在社区建立银发人才中心、老年人就业发展协会等，为老年人提供就业咨询服务。显然，注重老年人力资源开发，能充实和丰富社会人力资本，促进社会经济实力的增长。

第七，法治化的保障机制。在银发教育的发展历程中，发达国家首先体会到如果没有法律保障机制，就会严重制约银发教育的发展。因此，发达国家很重视立法，为银发教育提供法律保障。在这方面，美国最有代表性，其专门的老年人法律较为齐全，有《老年人权益保障法》《老年人教育法》《美国老年人法》《美国老年人福利法》《美国老年人就业促进法》《老年人保健法》《老年人护理保险法》《禁止歧视老人法》等。

第八，双重投入的经费机制。发达国家的银发教育经费由政府公共财政投入与其他多渠道投入（社会捐赠、慈善团体捐赠等）相结合。例如，美国 1.5 万家社区老年人中心的经费主要由地方政府扶持资助，联邦、州政府也常拨款救济。瑞典老年人学习圈的活动经费主要由政府拨散。英国第三年龄大学经费由成员们捐献。

(3)银发教育服务的模式分类

银发教育服务的模式目前可分为学校式、社区式、自助团体式、远程网络式、图书馆式、旅游式等。

学校式银发教育通常由高等教育机构或其他文化教育设施为老年人提供学习机会，其中包括专门为老年学习者开设的课程。学校式银发教育具代表性的有法国的第三年龄大学、日本的长寿学园等。1973 年，法国成立的第一所第三年龄大学是由法国图卢兹大学创立的。日本开设的长寿学园是依托公民馆、博物馆、图书馆等已有的文化设施建立的。

社区式银发教育为方便老年人就近学习，在社区内提供学习场所和设施，开展各种银发教育活动。社区式银发教育是最普遍的银发教育实施方式，具代表性的有美国的社区老年人中心、日本的社区老年人教室等。

自助团体式银发教育由一群志向或情趣相投的老年人，以自助助人精神为纽带组成学习团体，开展自主自治性的银发教育活动。自助团体式银发教育具代表性的有英国的第三年龄大学，以及沿用英国模式的其他国家和地区的第三年龄大学。尽管其冠名“大学”，但其实质正如剑桥第三年龄大学章程所指出的：英国第三年龄大学是自治自助、由成员自愿付出努力经营的组织。

远程网络式银发教育利用电视、广播、电脑、通信科技等多媒体手段开展教育活动，为老年学习者提供便捷的学习途径和机会。远程网络式银发教育具代表性的有英国开放大学、美国老年人网站等。

图书馆式银发教育利用图书馆学习资源，开展有意识的银发教育活动。这是国外银发教育常见的一种学习形式。如美国图书馆协会成人服务部成立了老年群体服务委员会，并制定了《公共图书馆对老年人的责任》。目前，美国公共图书馆的老年人学习服务项目丰富多彩。

旅游式银发教育组织老年人旅游，在旅游中实施寓教于乐的旅游学习，采取短期住宿形态的学习方式，将教育、旅游、休闲三种要素有机相结合。这是老年人最喜爱的学习方式。旅游式银发教育具代表性的有美国的老人游学营、日本的老人寄宿所等。

9. 银发旅游产业

(1)定义

随着全球人口老龄化进程的加速，如何让规模庞大的老年群体实现老有所乐已成为全社会需要思考的问题。旅游是人类共同的休闲方式之一，银发旅游经济作为旅游业的重要组成部分，其健康发展不仅能够成为老年人实现健康老龄化、积极老龄化的重要途径，而且能为社会经济发展带来巨大商机和新的增长点。近年来，银发旅游随着人口年龄结构的转变迎来了新的机遇。首先，老年人的福利保障体系更为完善，他们还拥有多元化的资产组合，有更丰富的经济资源来追求生活质量；其次，老年人身体素质不断提高，思想观念持续转变，退休不再是消极的人生阶段，而是追求人生价值的新起点；最后，科学技术的发展，使得老年人能够整合多地区资源以提高自身福利，在异地仍能与社会关系网保持紧密联系，这扩大了老年人生活方式的选择范围。伴随着大批发展中国家迈入老龄化社会行列，全球老龄产业市场潜力巨大，异地养老、候鸟式旅游养老等也已经成为重要的养老模式，银发休闲度假旅游市场的发展正当其时。

休闲度假旅游是旅游者拥有较多的“闲时”“闲钱”之后，为了消解疲劳、疗养身心、避寒避暑、放松心情等目的，利用闲暇时间到景色优美或环境优越之地作短期休憩的综合性消遣娱乐活动，是人们追求高品质生活的表现。

银发旅游是指老年人的休闲度假旅游活动，通常是旅行到其常住地之外生活，连续停留时间短则数日，长则数月，甚至可以以年为单位计时，旅行距离一般跨越市界、省界甚至国界。

银发旅游以提高生活质量为目的，以季节性、多居所、巡游式的生活方式为特征，既包括短期观光旅游，也包括季节性旅居式迁徙，具有独特的发展规律。

银发旅游作为老年人重要的人生决策，其决策动机大致可分为四类。

第一类是宜居环境，包括气候条件、自然环境、文化氛围、生活方式等因素，这是引发银发旅游的首要动机。银发旅游对老年人来说能够提高生活质量、改善健康状况。例如，美国北部寒冷地区的老年人更倾向于去往南部佛罗里达州旅游、旅居，甚至购房迁居；欧洲老年人往往被地中海沿岸的优美风光吸引而前往游览，在地中海阳光下享受闲暇时光；中国北方很多老年人则倾向于在每年入秋时迁居至海南等热带气候地区过冬。

第二类是社会关系，包括社交网络、社区联系和亲朋关系等因素。例如，日本养老旅游者首选亚洲国家，同时倾向于前往已有成熟日本人社区的地区；西班牙的瑞典老年人聚居区甚至形成了类似瑞典本土的文化氛围。社区联系能显著提升老年人在目的地的安全感和满意度，老年人人际交往则有效弥补了远离亲朋造成的情感空白。

第三类是老年服务，指针对老年人提供的医疗、保健、文化、照护等服务，对于老年弱势群体至关重要。例如，日本的老年服务项目昂贵且稀少，老年人迁往国外获取廉价照护服务是缓解供需矛盾的重要途径。

第四类是经济动机，包括消费水平、生活成本、税率水平、投资收益等因素。在发达国家，富裕老年人倾向于离开高税率地区而迁往"避税天堂"以节约支出，甚至从发达国家迁移至发展中国家旅居养老，既降低了生活成本，又提高了生活质量。中国上海等城市的老年人前往周边城市异地旅居养老的热潮，既是宜居环境动机的体现，也是受到经济动机特别是降低生活成本需求的驱动。

(2)主要特点与产品分类

银发旅游服务的主要特点与其服务对象的特征紧密相关，以下主要结合银发旅游者的心理特征与行为特征两个方面对银发旅游服务的主要特点进行总结。

心理特征主要包括：社交需求。老年人容易产生孤独感、失落感，参与旅游活动能够增进社交、调节情绪、减少孤独。怀旧需求。老人们在步入晚年后，常会想去自己当年工作、生活或有纪念意义的地方故地重游。为了出行舒适，很多老年人会选择旅游团，去体验追忆过往的美好。养生需求。当代老年人更注重自身健康，因此在旅游时会选择休闲养生保健旅游，以此增强体魄、修身养性。求知需求。旅游能够开阔视野，使老年人了解不同地区的风土民情，领略异地精彩，通过增长见识来提升老年人的幸福感。亲情需求。很多老年人会选择和子女孙辈一起出行，此时老年人享受到的不仅是旅途的快乐，还能感受到亲情，获得家庭的照顾和温暖。

行为特征主要包括：第一，错峰出行。由于老年人退休后，时间上更为宽裕，其出游时间选择更加灵活多样，呈现出较为明显的错峰趋势。他们通常会避开法定节假日等大众出游旺季，而是选择游客相对较少、价格相对较低的淡季出游，不仅能提升游览愉悦度，而且能提高出游性价比。这样既免除了高峰旅游时拥挤不堪的顾虑，又为淡季旅游注入了活力，使得淡季不再“淡”。总体来说，老年出游的月间差异相对较小，集中出游状况较不明显。第二，务实消费。老年人由于具有丰富的社会阅历，并且大多经历过漫长人生岁月的磨炼，因此消费习惯相对更为务实。老年人在决定旅游过程中，价格是居于主要决策地位的因素之一。通常来说，老年人特别是中国老年游客的价格敏感度更高，在出行价格与服务品质之间会更多地考虑前者，这也决定了面向大众银发旅游市场的旅游产品开发有必要在成本控制上巧做文章，在既有的成本预算内提供相对更优质的服务才是银发旅游市场的获客之道。放慢节奏。老年人由于体能逐步下降，因此更倾向于放慢旅游节奏，享受休闲养生之旅。尽管也有不少老年人选择长途旅游消费，但是更多的老年人特别是高龄老人会关注出游时间短、路程短的旅游消费。旅程远、出游时间长的旅游，参游的 70 岁以上的高龄人口较少。年轻人常用的欢快刺激、快餐式的旅游方式已明显不适合老年人的需求，舒适养生的旅游行程成为他们出游的首选。

银发旅游服务伴随着全球人口老龄化的进程不断发展，产品类型也日趋多样化：就出游目的而言，可分为观光游览类、养生保健类、“候鸟”迁移类等；就交通方式而言，可分为火车游、巴士游、自驾游（房车游）、邮轮游等。观光游览作为最基本的出游目的，始终没有退出过银发旅游者的视野。遍览名山大川，领略名胜古迹，了解风土人情，对于旅游的这些需求是没有年龄界限的，这也是大多数老年游客采用多种方式前往各类旅行目的地的根本原因。当然，随着老年人经济条件的改善、文化水平的提升、兴趣爱好的广泛以及银发旅游市场的逐步成熟，观光游览也更多地与其他主题相结合，进而使更多的特色旅游产品、专题旅游服务得以开发问世。养生保健是银发族旅游的主要目的之一，近年来已经成为银发旅游新趋势。泰国和日本开发了“理疗＋旅游”的温泉水疗旅游模式，观光行程中以理疗为特色，深受中老年人欢迎。我国的养生旅游起步较早的有海南三亚推出的中药养生旅游，在旅游中加入参观养生文化园、体验中式推拿按摩、吃药膳养生美食等项目。“候鸟”迁移类银发旅游是指老年人因为气候变化，季节性地迁移到气候宜人的地区暂住或旅游。在欧美国家，候鸟式旅游养老已经相当普遍，退休老人冬天会到温暖宜人、阳光充足的南欧旅居度假。我国候鸟式旅游养老发展较好的是海南，冬季会有大量北方老人南下过冬，享受数月的热带暖阳。

专列旅游是时下最低碳、最经济的出游方式。随着铁路运力的提高和服务的完善，坐火车出游由于时间宽松、行程休闲舒适、性价比高等成为中老年人出游的新宠。专列旅游具有定时、定点、定线等特点，可以“一线多游，一票到底”，一路上可观景、可休息、可游览、可娱乐，不用担心旅游出行多次换乘的问题，省去了其他方式的旅途疲劳和舟车劳顿。对于出游需求高涨且时间弹性较大的中老年人而言，专列旅游节奏平缓，沿途包含的景点内容丰富，受到不少中老年人出游的青睐。银发旅游专列在行程设计上，通常都针对中老年人特点进行了全新升级。例如，选择沿途旅游资源集中的路线开行，尽可能囊括更多景点；尽量减少体力消耗较大的爬山、长时间行走等活动，更加安全舒适；每趟专列还配有专门的导游和医护人员，保障人身财产安全；针对车上用水和用电的问题，特意为会员准备矿泉水以及充电宝等服务。

巴士旅游与专列旅游形式相似，部分豪华巴士的设施更可谓“应有尽有”，车厢内空间宽敞，座椅可以放倒并配备电视、插座、耳机、毛毯、拖鞋，仿佛乘坐飞机头等舱一般，甚至在巴士后方还配备了吧台。相比铁路，巴士拥有路线设置更加灵活的特点。旅行社与巴士公司能够结合老年游客需求定制路线，富有特色的路线也能帮助他们实现差异化竞争。对老年游客来说，乘坐宽敞的巴士观光，下车即达目的地景点的游览方式也极大限度地减轻了他们旅行时的负担。

自驾旅游不仅在欧美老人中较为普遍，近年来也逐渐在发展中国家形成热潮。在欧美很多国家，高速公路旁都设有老年旅馆，供自驾旅游的老年人住宿。这些老年旅馆相对安静，步行也相对方便，价格便宜，还有很多老年设施。同时，因为服务员也是老年人，他们更了解老年人的喜好与需求，可以给旅行中的老年人提供了更多的方便。

房车旅游更是自驾游中一道独特的风景。在美国，许多家庭都拥有房车，很多退休老人由于没有工作和家庭压力，更喜欢开着房车，到处走走停停，根据自己的个人喜好观赏风景。甚至有人一整年都不会回家，由此开启人生的冒险之旅。美国对驾驶员的年龄上限没有规定，但要求视力正常(可以戴眼镜辅助)、行动自如。因此，在美国的公路上，经常有开着房车、带着老伴和宠物边走边玩的老人。由于房车游需要有布点充足的房车营地提供补给与每日停靠住宿，对旅游目的地基础设施的要求比较高，因此在我国银发旅游领域还不是很普及，但也有少数先行者在进行探索。邮轮游由于耗时较长，航行速度慢且稳定，没有车马劳顿，环境舒适，集“吃住行游购娱”于一体，对于闲暇时间充足的老年人来说，是非常合适的选择，因此受到越来越多中老年人青睐。

10. 银发康复医疗服务产业

康复医疗服务是现代医学的重要组成部分，对于出现身体功能性障碍的老年人而言，康复医疗是其维持正常生活、恢复自理能力的重要手段。

(1)康复医疗服务及产业的定义与发展的影响因素

随着社会经济的快速发展和医学水平的不断提高，人们越来越认识到健康在生命过程中的重要性，特别对于那些因病导致功能障碍的人来讲，如何避免或消除因疾病带来的功能障碍是他们关注的焦点问题。

世界卫生组织曾指出许多疾病带来的残疾并不是不可控的，现有的医学技术已经可以使一半以上的功能障碍得到控制或者延迟发生。在发达国家，康复医疗服务得到充分的重视，在病患的整个治疗过程中发挥了重要作用。据统计，发达国家脑卒中的残疾率为30%，而在我国则可达到75%以上，其中的重要区别就在于我国康复治疗比较落后。在脑血管意外事件中存活的患者中，积极的康复医疗可使90%患者重新获得行走和生活自理能力，30%患者恢复工作；若不进行康复治疗，上述两方面恢复者仅为6%和5%。目前，发达国家的康复医疗服务已经形成了巨大的产业链，其中包括器械、药物、康复医疗服务提供等。但在我国，康复医疗服务还正处于发展的初级阶段，作为一个产业更处于幼年时期。

(2)康复医学与康复医疗服务

康复医学是一门研究残疾人及患者康复的医学应用学科，其目的在于通过物理疗法、运动疗法、生活训练、技能训练、言语训练和心理咨询等多种手段使病伤残者尽快得到最大程度恢复，使身体残留部分的功能得到最充分的发挥，获得最大限度的生活自理、劳动和工作的能力，为这些病伤残者重返社会打下基础。康复医学由基础康复学、康复残疾学、临床康复评定和临床康复治疗学构成。在这里需要强调的是，康复不能完全等同于恢复如初，有些疾病造成的器官损伤是不可逆的，因而不可能恢复如初。康复医学这门学科与预防医学、保健医学、临床医学一样，是现代医学不可或缺的重要分支，是现代医学“预防、临床治疗、康复”三位一体的重要组成部分。它的特点是既重视改善病患的功能障碍，又注重改善与功能障碍有关的相关因素，包括意志力和控制的能力、耐力、悲观抑郁的心理、社会与家庭的环境等，强调患者的心理特征和社会属性。康复治疗技术是康复医学的核心内容之一，常用的方法包括物理治疗、作业治疗、言语治疗、心理辅导与治疗、文体治疗、康复工程、康复护理和社会服务等。

康复医学是康复医疗服务的理论基础，康复医疗服务则是康复医学在实践中的应用。康复医疗按照病种可分为六大类。

神经系统疾病康复，主要是针对由于脑损伤(脑卒中、颅脑损伤)、脊髓损伤、截瘫、四肢瘫及其他疾病、周围神经疾病和损伤、脊髓灰质炎后遗症等引起的神经系统疾病的康复治疗。

骨关节肌肉疾病和伤残康复，主要是针对截肢、断肢再植术后、腰腿痛及颈椎病、手外伤、各类关节炎、关节置换术、骨折后及骨关节其他术后、脊柱侧弯形等引起的骨关节、肌肉功能障碍的康复治疗。

心血管及呼吸系统疾病康复，主要是针对冠心病（冠状动脉搭桥术后、急性心肌梗死后）、原发性高血压病、周围血管疾病、慢性阻塞性肺部疾患等引起的心血管及呼吸系统功能障碍的康复治疗。

老年康复，主要是针对帕金森病、骨质疏松症、老年性痴呆等疾病引起的功能性障碍的康复治疗。

儿童疾病康复，主要针对脑性瘫痪、智力发育迟滞、孤独症等疾病进行的康复治疗。

精神残疾康复，主要针对精神病和精神神经症等带来的功能障碍进行康复治疗。

在这六大类康复医疗中，第四类完全针对老年人口，第一类、第二类、第三类和第六类中也包含老年患者，特别是第一类中的脑卒中、帕金森综合征，第二类中的关节炎、关节置换术后，第三类中的冠心病、原发性高血压病、慢性阻塞性肺部疾患，40 岁及以上人群都是高发人群。由此可知，康复医疗的目标人群中银发人群占比较高。

康复医疗在骨折、颅脑损伤、脑血管意外事件、脑瘫、糖尿病、心血管疾病、风湿性关节炎、颈椎病、腰腿疾病等疾病的后续治疗中是必需的环节，特别是对容易留下残疾等后遗症的疾病，康复医疗的介入能够有效加快患者的康复进程，改善恢复效果，显著降低致残与致死率，对改善临床整体疗效有显著作用。

康复医疗服务一般是多专业学科联手提供，完整的康复医学治疗组包括物理医学与康复医师、物理治疗师、作业治疗师、言语治疗师、心理治疗师、假肢与矫形器师、文体治疗师和社会工作者。

(3)康复医疗产业

当康复医疗服务达到一定规模且出现行业分工，具有同类属性的经济主体活动日益频繁且集合时，康复医疗产业就形成了，其中既包括康复医疗器械和药物的生产,也包括劳务服务的提供。在这个产业中,虽然各经济主体的经营方式、经营形态、企业模式和流通环节各不相同,但各经济主体之间都是利益相关的,且经营对象和经营范围围绕着共同产品展开。各部门之间具有技术经济关联,且有特定逻辑关系和时空布局关系,进而形成了链条式的关联形态。

在康复医疗产业链中,康复器械和药物生产商处于上游,各级各类医疗机构、药店、康复服务提供机构等处于中游,康复患者为下游需求方。上游产业处于整个产业链的开始端,往往是利润相对丰厚、竞争缓和的行业,具有较高的进入壁垒,越往下游则竞争越激烈。但当下游需求发生变化时,上游也会出现供给过多、竞争加剧的情况,而且上游与下游在现代化生产产业链中是一个相对概念,上游环节向下游环节输送产品或者服务,下游环节向上游环节反馈信息并影响上游的经济主体行为。在我国,由于长期对康复医学重视不足,所以康复器械、康复药物的研发和生产较为薄弱,康复医疗服务的提供主要由各级各类医疗机构承担,康复医疗服务的市场培育仍处于初级阶段。

11. 银发居住设施产业

(1)居住设施的定义

自人类诞生以来,居住就是其生存和发展的基本活动之一。在汉语大词典中,居住被定义为“较长时期住在某个地方或较长期地住在一起”,其发展是从人类最初作为掩体的单一空间的初级住宅阶段开始的。从系统的角度出发,居住可以理解为人、空间、行为的有机统一,涵盖了以居住为核心的活动及行为,包括个体居住、家庭居住和社会居住三个层面。作为空间载体,狭义的居住设施指与居住生活和需要相关的建筑类型和空间环境;广义的居住设施囊括了各种类型建筑及其营造的全部内容,实际上是以居住功能为载体的各种活动方式及其相应的各种类型的建筑。

人是居住空间的主体。一方面,居住空间需要为生活在其中的居民提供居住所需的空间和心理场所;另一方面,人类的意志与行为促进居住空间形态的日趋完善。必须明确,住宅、住区、城市问题应是围绕人类来研究居住空间与环境,是从研究人的行为来认识和解释居住空间的发展和演变,而不是围绕居住空间与环境来研究人,更不是脱离人的因素来研究住宅、住区、城市。人的生命周期大致可分为婴儿、童年、少年、青年、中年和老年等阶段,不同年龄阶段的人群在生理和心理上存在显著差异,其对居住空间与环境的需求也存在明显差异。按照世界卫生组织的标准,60 周岁及以上的人群为老年人,《中华人民共和国老年人权益保障法(2015 年修正)》也是此观点。作为一类特殊的社会群体,在生理层面上,老年人开始出现身体机能衰退、日常生活能力下降甚至丧失;在心理层面上,伴随生理机能的退化,老年人对环境的适应能力和心理安全感下降;在社会层面上,社会角色的转变导致生活方式和社会交往方式的转变。这些转变对于居住空间与环境提出了新的要求,银发居住设施是适应人口老龄化趋势,既符合安全、适用、卫生、经济、环保等要求,又满足老年人生理、心理及服务方面的特殊需求,改善老年人居住条件的各类居住设施。

(2)分类及产业

随着老年群体的日益庞大,社会对银发居住设施的需求也日益增长。目前世界上主要的养老模式分为三种,即居家养老、社区养老和机构养老,不同的养老模式对于银发居住设施提出了不同的需求。《中华人民共和国老年人权益保障法(2015 年修正)》提出了"国家建立和完善以居家为基础、社区为依托、机构为支撑的社会养老服务体系"的主要发展目标。"十一五"期间,上海率先提出了"9073"养老模式,即居家养老占比 90%、社区养老占比 7%、机构养老占比 3%的养老模式,是目前国内主流的养老模式。在不同养老模式下,银发居住设施的目标人群、开发主体、依托资源以及经营模式之间存在差异,根据《老年人居住建筑设计规范》,大体可以分为老年人居住建筑与养老设施两类。在以居家养老为基础的背景下,老年人居住建筑构成了银发居住设施的主体。

老年人居住建筑是指专为老年人设计，供其起居生活使用，符合老年人生理、心理及服务要求的居住建筑，特指按套设计的老年人住宅、老年人公寓，及其配套建筑、环境、设施等。老年人居住建筑是老年人独立居住，接受居家、社区养老服务的建筑，建设目标是为老年人居住，主要形式是住宅和公寓。这类建筑不同于养老设施，不是集体生活的居住形式，而是以套为单位，老年人全家、结伴或独自生活居住，老年人在其中可以完成包括炊事在内的各种家庭活动。

老年人住宅是供以老年人为核心的家庭（包括老年夫妇或单身老人）长期居住，并根据老年人不同生理、心理状况，接受居家养老和社区养老服务的专用住宅建筑。我国是老年人口大国，居家养老的人口数量巨大，老年人对住宅建筑的功能和环境的需求千差万别，为此，老年人住宅设计有个性化和多样化的发展趋势。老年人住宅以套为单位，类型包括在普通社区中配建和在专业型养老社区中集中建设两类。在普通社区中配建的老年人住宅可集中组团建设，也可独栋建设，或在普通住宅楼栋中建设若干套。

老年人公寓是供老年夫妇或单身老年人居家养老使用的专用建筑，配套相对完整的生活服务设施及用品，一般集中建设在老年人社区中，也可在普通住宅区中配建。一般来说，老年人公寓本身不提供集体照料、护理服务，老年人在其中独立生活，可根据需要接受公共的餐饮、家政、陪护等配套生活服务和社区养老服务。老年人公寓是适应我国现阶段乃至今后很长一段时间老龄化发展需要，并且市场需求很大的一种类型，可独栋建设，也可成群组团建设，其居住单元是按套型设计的。应特别注意的是，可能出现在医疗、养老设施用地内配建老年人公寓的情况，这类建筑中的老年人独立居住，依托医院、养老院的辐射社区服务功能，实际性质仍是享受社区养老服务。

养老设施是指为老年人提供居住、生活照料、医疗保健、文化娱乐等方面专项或综合服务的建筑通称。养老设施是老年人集中居住、接受专业照料服务的建筑，建设目标是为老年人提供服务，主要形式是老年日间照料中心、养护院、养老院等养老护理机构。

老年日间照料中心（社区养老服务中心）是指为社区内生活不能完全自理、日常生活需要一定照料的半失能老年人提供膳食供应、个人照顾、保健康复、休闲娱乐等日间托养服务的设施，向社区内需要日间照料的所有老年人开放。

根据我国民政部颁布的《养老机构管理办法》，养老机构是指依照《养老机构设立许可办法》设立并依法办理登记的为老年人提供集中居住和照料服务的机构，按照服务协议为收住的老年人提供生活照料、康复护理、精神慰藉、文化娱乐等服务，包括养护院、养老院、康复医院、老年病医院等。

居家养老和社区养老作为我国老年人的主要养老方式，养老社区的建设是其中的重要环节。随着各地方政府以及房地产开发企业、保险公司、投资公司等社会力量积极涉足养老社区的开发建设领域，目前市场上已形成三种主要类型的养老社区：配建型养老社区、综合型养老社区、度假型养老社区，各类养老社区均有其鲜明的特点。

配建型养老社区是指在普通居住区中配建老年人居住组团、楼栋或套型，以及一些适老化的配套设施。相比于仅有老年人居住的社区而言，这种“混居”社区能够让老年人接触到其他年龄段的居住者，保持与外界环境的接触，同时老年人还可以与自己的子女或亲友邻近居住在同一个社区中，便于相互照顾。

综合型养老社区往往是为老年人专门建设的，包含养老住宅、养老公寓、养老护理机构等多种适合老人的居住类型，并配备老年活动中心、康体中心、老年医院、老年大学等公共服务设施，为各类身体状况的老人提供持续的生活照护。

度假型养老社区的最大特点是依托旅游、养生等特色资源进行开发建设，老年人可以在一年当中的某个季节或时段来此居住，也可以与家人共同前来度假，是一种具有时令性特征的居住形式。

第七章　实践与基础

近年来，山东省滨州市在银发经济领域进行了探索和实践。滨州欣悦医康养综合体作为山东省重大项目，涵盖康复医院、康养服务中心、银发群体住宅、黄河谣植物园、滨州康养职业中专、健康产品研创智造基地等多个板块。公司践行“三老四养”“四条腿”“四大生命关系”康养理念，深耕银发产业发展，取得了一定成效。

一、欣悦健康基本情况

滨州欣悦医康养综合体位于滨州市高新区，作为山东省重大项目，涵盖滨州欣悦康复医院、映寿滙康养服务中心、万物生·颐福园、黄河谣植物园、滨州康养职业中专、健康产品研创智造基地等多个板块。欣悦医康养综合体全面建设机构养老、居家养老、社区养老、旅居养老等多种养老模式，立足人类生命，全周期、全过程、全方位实施主动健康战略，全面推进医、康、养深度融合，开拓“15 分钟健康圈和养老圈”，打造以生命健康为中心的养生、养育、养老高端基地，广泛造福民生。

1. 滨州欣悦康复医院

滨州欣悦康复医院与三甲医院滨州医学院附属医院组成医疗联

合体,共建滨州医学院附属医院康复医学研究院、内镜中心,同时与北京大学医学部、山东大学齐鲁医院等国内知名医院建立合作关系。医院总建筑面积约 3.5 公顷,下设中医科、康复科、心理健康科、内科、外科、妇产科、儿科等 12 个临床科室,检验科、影像科、超声科、内镜中心、心电室等 7 个医技科室,配备多名副高职称及以上医师负责咨询、项目预定、主检等工作。医师团队汇集省、市尖端医学人才 200 余人,其中高级职称专家 20 余人;拥有先进医疗设备 800 余台,如日立 128 层螺旋 CT、日立 DR、美国 GE 核磁共振、奥林巴斯无痛胃镜、彩色多普勒超声临床检验等一系列"高、精、尖"的设备。医院定期组织各类诊疗活动,能够方便快捷地接待百人以上的健康检查及理疗活动。目前,医院累计服务群众 225 万人次,年平均服务群众 37 万人次,形成了区别于普通医院的"三大中心、两大平台"特色功能:医疗康复中心、健康管理中心、健康睡眠中心,医疗保障平台、互联网数字医疗平台。

2. 映寿滙康养服务中心

映寿滙康养服务中心联合体项目总占地面积约 19.3 公顷,是以医疗中心、康养中心、营养中心、颐养中心为核心,融合周边文、旅、乐、游、体、食等特色资源的综合性医养健康园区。2020 年 6 月,一期映寿滙康养服务中心建成投用,中心总建筑面积 3 公顷,配套养老床位 450 张,含机构居家养老、机构养老两种居住模式。自 2019 年运营以来,中心已累计服务长者 1.2 万人次。

3. 万物生 · 颐福园

万物生 · 颐福园最大的特色是赋予居家生活系列健康元素。项目规划建设三期工程,其中一期工程占地面积约 7.6 公顷,建设康养住宅 680 套,为业主提供全龄化、全生命周期服务。万物生 · 颐福园每栋楼配备的健康活动区和日光房,包含太极、健身、书画室、棋牌室等 40 余个运动及休闲场所,长度逾 2000 米的全链式风雨连廊无缝连接各楼宇会馆、中心景观、休闲场所等主要功能区。无处不在的适老化设计，让所有空间及家居均满足无障碍适老化需求，四世同堂的个性化户型集成，让业主在保证自己生活空间的同时，亦能享受家的其乐融融，充分享受全天候运动休闲体验。

4. 黄河谣植物园

黄河谣植物园项目面积约 98.9 公顷，重点打造“一塘、两心、两轴、七区”等特色功能区，形成了集生态宜居、休闲观光、体验采摘、科普教育、益智娱乐、康体保健于一体的都市农业创新发展模式。园区种植药食同源珍奇名贵的中药材 100 余种、食药同源的绿色蔬菜水果 40 余种、富含人体所需粗纤维与微量元素的五谷杂粮 10 余种，所种植的植物将“药食同源”与养生保健融为一体，既有药物与食品的综合作用，又能满足营养与保健的需求，为黄河谣健康城提供天然、优质、营养、安全的高端食材。黄河谣植物园不仅是欣悦健康产业园区的“康养花园”，更是大健康产业的“放心菜园”，建成以来累计生产各类产品 120 万千克。

5. 滨州康养职业中专

滨州康养职业中等专业学校创建于 2007 年，是经省、市教育主管部门批准设立的全省第一所康养类职业学校，目前在校生 1200 余人。学校先后获得山东省残疾人康复研究所、山东省老年大学远程教学点、金蓝领培训基地、滨州市高技能人才培训基地、滨州市老年大学游学基地、滨州市养老护理人才培训基地等。学校坚持“知行合一、教学相长”的教学理念，致力于培养温润如玉、技术精湛的高素质技能人才。

学校开设护理、中医康复技术、口腔医学技术、智慧健康管理、医学检验、医学影像、眼视光、幼儿教育、空乘、药品食品检验、艺术设计、电子商务、机电一体化、会计、计算机应用等十五大专业；拥有教学培训仪器设备1290余台套，总值5000余万元；开展校企合作，不断探索“产教融合、校企一体”的办学模式，就业率达到100%，学生毕业时既可就业也可升学，真正实现了“入学即入职、毕业即就业、中职高职贯通培养、就业升学一条龙”的创新办学模式。

正在开工建设的大专院校滨州康养学院总规划面积约73.3公顷，建筑面积26万平方米，以医养健康特色专业为龙头带动相关专业群发展，重点打造康养服务技术、康养设备智能制造技术、食药生物技术及服务于医养健康产业的新商科与文创四个专业群共30余个专业。学院规划建设700人的教师团队，引培并举，副高及以上职称教师人数占比35%，硕士学位及以上教师占比20%，“双师型”教师占比50%，另有300名兼职教师，并以通过体系完善的师资队伍培养品学兼优的学生，服务“健康中国”战略。

康养学院立足山东、面向全国，发扬愉悦的人文理念和社会责任，传承敢为天下先的气魄和干事创业的光荣传统，秉承“创特色名校、育医养人才”的办学使命，坚持“培育具有和合精神的医养健康技术技能人才”的办学宗旨，以“悦行知、至温润”为校训，倡导树立“愉悦求知、善教乐学”的校风、“以爱为源、因材施教”的教风和“知行合一、工学结合”的学风，坚定走产、学、研深度融合之路，专业链、人才链、产业链、创新链、智慧链五链融合。学院与欣悦大健康产业园区同步规划、同步实施，资源共享，人才共育，高起点建设医养健康专业及专业群，建立校企一体化体制机制和工学零距离结合的人才培养模式，不断提升社会服务和文化传承功能，计划3年内建成条件优越、运行规范的高职院校。

康养学院高度重视产教融合，利用欣悦大健康产业优势建成健康人才的培养摇篮，学院建设于2021年被列为山东省重大项目。学院的建成将弥补省内康养类高职院校的空白，将成为我国康复人才培养基地，为各级康复机构及健康产业创新培育高级实用型康复人才，以更好、更快地推动我国健康事业高质量发展。

6. 健康产品研创智造基地

山东欣悦健康科技有限公司拥有具备自主知识产权的产品研创智造基地，依托多个国家工业设计中心、国家博士后科研工作站、CNAS国家认可实验室、国家级技术创新平台等数十个国家及省部级平台，建有拥有装备智能、功能齐全的万级生物检测实验室以及百万级净化车间、灭菌车间、解析车间、纳纤膜生产车间、高分子材料生产车间、康养器械生产车间等。生产产品涵盖一次性使用输液器、输血器、注射器、医用防护服、医用口罩等Ⅰ、Ⅱ、Ⅲ类医疗器械和防护用品；护理床、助行、助餐、助视、助便、助听、助穿脱、助娱、助学、防滑倒、防摔倒、唤醒提示、褥疮护理、失禁护理、保健按摩、皮肤护理、神经康复、疼痛康复、儿童康复等19类康养辅助器械；纳米纤维膜、暖红外材料、有氧纤维等健康新材料，研发、生产种类多达1万余种。部分产品取得CE符合性申明和FDA注册，可以出口欧盟、美国及CE互认的市场，远销亚洲、欧洲、南美洲等地的30余个国家和地区。

公司通过自主研发和集成创新，成功研发了人造血管、纳米纤维膜抗病毒新材料、中草药纤维新材料、生化毒剂防护服、人工外骨骼、人造肌腱、盲人视力再现眼镜等新材料、新技术、新产品；参与了国家重点研发计划“主动健康和老龄化科技应对专项产品”的研发，康养器具、医疗耗材、健康新材料研发生产能力国内领先，获评国家高新技术企业，5款科技产品入选国家工信部老年用品产品推广目录。2022年1月，生命科技馆建成启用，建筑面积1.6万平方米，是一座融合了生命主题展示、医康养科技研发、工业旅游、商务交流等模块的综合性、开放式的科技展馆。

以开展全国居家和社区基本养老服务提升行动为契机，公司率先成立山东省养老物资配送服务中心，为养老机构提供定位咨询、设计及施工、器械使用指导、机构运营等服务，映寿滙·ASDS TM适老化空间设计方案荣获2022年国际康复产品创新（中国）奖，累计适老化改造6.6万余户。目前，以山东省为服务基地，公司已布局广东、江苏、辽宁等18省份。

二、“三老四养”

1. 机构养老

机构养老又称“集中养老”，山东欣悦健康科技有限公司将旗下的映寿滙康养服务中心打造成了服务最高端、配套最完善、设施最先进的长者乐龄之地，做到了康养、就诊随时转换，服务、支援“三分钟”直达。康养服务中心配置三大“管家”团队，即“健康管家——医护专家团队，时时进行健康检测”“生活管家——24小时照护日常生活起居”“娱乐管家——规划每天的学习和娱乐，陪伴每一天”。并综合配套医疗中心、康复中心、健康管理中心、睡眠中心、营养中心等，实现“即养来养、即求上门、即需定制、即学不惑、即买可买”的“智慧5即”康养服务模式，让服务有温度，让产品无极限，全身心打造以机构为点、社区为线、居家康养护为面的全生命周期、全方位的康养生活新模式。

欣悦康复医院建设了医疗保障平台。保障平台与医保机构建立起了“1+1+N”医疗保障平台系统、滨州首家长期护理保险试验示范基地、滨州医疗保障欣悦研究中心，成立了山东欣悦互联网医保大健康平台，并设立了全国全省职工及居民直联直报8个定点和互联网医保、慢病管理、长护险管理、癌症的早诊早筛早治4个定点。通过实体和互联网医院相结合的模式，欣悦康复医院开展健康管理、诊断服务、住院治疗、慢病管理、长期陪护等多方位服务，由专业人员携带医疗器械、康养器具到机构养老、社区养老、居家养老场所开展医康养护精准服务，运用实体医院和互联网医院进行诊断，将优质医疗、服务、专用诊疗设备输出，为城乡居民提供高效、快捷、低费、优质的诊疗、康复服务，把欣悦康复医院的服务模式“送出去”、健康需求的人群“引进来”。

2. 居家养老

居家养老以万物生·颐福园为依托，实现居家养老与医护联动，24小时私人管家入户服务、365天健康关怀，100%健康促进，让现代科技与人文关怀相得益彰。万物生·颐福园住宅采用当前最优质环保的建筑材料，景观设计遵循康养花园的理念，房间功能设施设备齐全，楼房顶层全部设计成阳光露台，所有楼房的一层均设计为各类文化娱乐和健身康养的活动场所，设有颐乐学院，包括大学堂、棋牌室、书画间、台球室、乒乓球室、手工坊、钢琴室、亲子园、康复馆、瑜伽室、园艺厅、艺术厅等，还有商超中心、业主餐厅、理发店、健身广场、卡拉OK歌厅……各种场所一应俱全。万物生·颐福园业主还会享受“健康管家”服务。业主将进行全面健康体检，由专家团队评估后建立健康档案，制定个性化的健康计划并实施，同时开展阶段性健康评估，确保每位业主每年一次健康体检，做到“小病不出户、慢病不离园、大病直通车”。

3. 社区养老

社区养老以映寿滙康养服务中心为载体，整合周边养老服务资源，为老年人就近养老提供专业化、个性化、便利化的养老服务，既可以为社区老人提供送餐、助浴等上门服务，又可以提供日托、常住等护理服务，打造“养老不离家”新模式，着力实现社区托养、医养结合、家庭支持、生活服务等“一站式”综合为老服务。同时，在民政、医保、卫健等部门的支持下，中心成为首批医养结合机构“治疗性家庭病床”医保支付试点单位，在家庭签约服务、老年人能力评定、参保补贴、老龄补贴等方面给予政策保障，破除机制壁垒，实现了政策集汇，做到了“养老床位”和“医疗床位”的无缝衔接，合理的医疗费用均纳入医保基金支付范围，确保“小病不出户、慢病不离园、大病直通车”，做到了医康养的深度融合，实现了“一张床解决终身养老问题”。

目前，映寿滙康养服务中心已建立起了集合医疗资源的专业医疗能力和个性定制化的康养服务能力。未来5年，映寿滙康养服务中心将辐射全国10个目标城市，全力铺设养老社区、机构、日间照料、护理院四大类养老项目累计20个以上、床位15000张以上。映寿滙康养服务中心在各地颐养社区的布局，以及其高品质的基础设施、标准化的康养流程、相似的生活空间，让“家庭度假式养老”成为可能。

4. 健康养生

健康养生即“治未病”，倡导“未病早防、既病防变、病愈防复”三段式防治。防治的重点是固本培元，就是养生保健。为此，欣悦康复医院建设了医疗康复中心、健康管理中心和健康睡眠中心。医疗康复中心致力于神经康复、心肺康复、疼痛康复、睡眠康复、产后康复、老年健康管理等专业康复项目，拥有言语评估和训练系统、认知评估和训练系统、悬吊运动康复系统和天轨系统，并设有运动治疗室、作业治疗室、言语评估治疗室等专业康复治疗室，可满足不同类型患者的预防、诊断、评估、治疗、训练和康复需求。健康管理中心主要为健康人群、亚健康人群、慢性病人群提供以疾病预防为目标的精准健康管理，基于健康数据的健康风险评估、健康风险跟踪、健康干预指导一体化的健康管理服务，项目涵盖全面体检、基因检测、精准疗养、职业病管理等十余项，形成检前、检中、检后健康管理服务完整闭环，进行全生命周期的健康档案管理服务。健康睡眠中心作为集评估、监测、诊断、咨询、治疗、预后管理为一体的多学科、全流程、一站式的专业睡眠健康管理中心，可向每一位患者提供个性化睡眠问题解决方案。睡眠中心也将充分发挥“睡眠环境标准指导”“睡眠专科联盟”“心理、中医、营养、运动联合诊疗”等特色优势，致力于成为专业的睡眠问题诊疗者、健康睡眠理念的传播者、健康睡眠管理的服务者。

三、“四条腿”

1. 营养膳食

山东欣悦健康科技有限公司建设的营养中心建筑面积3700平方米，日满足3000人就餐。中心以营养均衡为目标，配备先进的设备，通过科学的数据分析，结合人群的年龄、性别、体质等特点，设计科学、健康、合理的饮食搭配，并对饮食质量和人群的营养状况进行实时跟踪，保障人群的营养健康。营养中心拥有一流的营养管理团队，聘请食品营养专家顾问、中医药膳专家顾问、中医专家、营养医师、专职营养师，负责制定科学的膳食方案，严格把关，数据系统实时提醒，营养摄入一目了然。公司广揽烹饪和餐饮管理人才，现拥有一批训练有素、管理经验丰富的专业队伍和厨艺精湛的高级厨师，为客户提供高品质的餐饮服务。营养中心食材大都取自黄河谣植物园。黄河谣植物园所种植的植物将“药食同源”与养生保健融为一体，既有药物与食品的综合作用，又能满足营养与保健的需求，可为人们提供天然、优质、营养、安全的高端食材。

2. 医疗护理

山东欣悦健康科技有限公司在旗下的欣悦康复医院建设了医疗康复中心，致力于神经康复、肌骨康复、心肺康复、疼痛康复、睡眠康复、产后康复(盆底康复)、老年健康管理等专业康复项目，拥有言语评估和训练系统、认知评估和训练系统、悬吊运动康复系统和天轨系统，并设有运动治疗室、作业治疗室、言语评估治疗室等专业康复治疗室，可满足不同类型患者的预防、诊断、评估、治疗、训练和康复需求。欣悦康复医院建设了互联网医疗平台，建成的“欣悦AI+5G智慧互联网医院”促进了“互联网+”与医疗服务的深度融合，让患者足不出户即可与知名专家进行远程可视化问诊，运用互联网、云计算、大数据、智能医疗设备等先进技术，围绕患者、专家、医院、药企，搭建并形成了互联网医疗服务产业链条的完整布局和生态体系，将线上问诊、线下治疗、远程手术紧密结合，在病患与行业顶尖医疗之间搭建了一条绿色通道。

山东欣悦健康科技有限公司派出多批人员前往日本学习先进的介护技术及管理模式，做到了康养、就诊随时转换，医护、介护、陪护一体联动，服务、支援"三分钟"直达，开创了"北元介护""自立支援""循环陪护"等康养新模式。

3. 主动健康

山东欣悦健康科技有限公司制定了以"医、食、住、行、康、乐、购、健、学、旅、友、帮、理、为"为基本内容的健康产业标准和规范，以此为基础向主动健康领域延伸和深化，主要涵盖主动医疗、主动养老、主动养生、主动扶弱、主动预防、主动教育六个方面，多维度、多方位向受众主体推行主动健康。公司打造的"万医生"主动健康服务新模式，结合中国传统医学、数字中医、现代医疗、智能穿戴和先进的人工智能技术，通过以智能手表为载体，实现一键呼救、远程监护、未病测评、中医调理、随诊服务等五大功能，致力于提供 24 小时贴身照护的医疗健康管理；通过分析用户的生理数据、生活习惯和家族病史等院内外医疗健康信息，借助国家重点研发计划"穿戴式五藏功能态势监测设备关键研究技术"，系统地评估用户的健康状况，并制定相应的健康管理计划；根据用户的反馈和需求，作出针对性的调整和个性化的健康管理方案，确保用户获得最佳的健康管理服务，成为用户 24 小时的私人医生。

4. 社交娱乐

万物生・颐福园利用万物生社区充裕的教育活动空间，设置主动健康、老有所为(亲子活动)、养生饮食、文旅休闲、艺术人生、人文国学等6个院系20多个功能分区，开展形式多样的讲学课堂，为颐乐生活增彩添乐。在300项文娱活动中，老年人总能找到志同道合的人，实现老有所依、老有所乐、老有所为，畅想生命欢歌、齐舞黄金岁月，尽享健康之乐、天伦之乐、交友之乐、兴趣之乐。万物生·颐福园每栋楼配备的健康活动区和日光房，包含太极、健身、书画室、棋牌室等40余个运动及休闲场所，长度逾2000米的全链式风雨连廊无缝连接各楼宇会馆、中心景观、休闲场所等主要功能区。所有楼房一层均设计为各类文化娱乐和健身康养的活动场所：颐乐学院，包括大学堂、棋牌室、书画间、台球室、乒乓球室、手工坊、钢琴室、亲子园、康复馆、瑜伽室、园艺厅、艺术厅等，为银发群体社交娱乐提供了良好的基础条件。

依托黄河谣植物园开展户外养生，增加银发群体社交渠道，主要包括生态文化体验、避暑度假、观光游园、田园采摘等项目，让老年人回归自然、愉悦身心、陶冶情操；依托映寿滙医康养联合体开展户内养生，组织琴棋书画、诗词歌赋、太极瑜伽、兴趣手工、养生课堂、社群派对和知识更新等活动，展示多彩人生，丰富社交文娱生活。

四、“四大生命关系”

从养老环境看，养老涉及的关系较为密切的是夫妻关系、子女关系、医护关系和物业关系等四大关系。其中夫妻关系和子女关系属于自然关系，而医护关系和物业关系属于社会关系。目前，社会养老的重心越来越向社会关系倾斜，但医护和物业对于养老的服务水平和现实需求却相距甚远。所以，研究探讨养老涉及的社会关系，优化养老环境，成为十分迫切的时代和社会课题。

1. 欣悦医护工作实践

医生和护士是银发群体医疗卫生保健工作队伍中的两大主要力

量,医护关系也是老年人人际关系中的基本关系。建设和谐的医护关系是银发养老体系建设和谐社会的重要内容之一。山东欣悦健康科技有限公司旗下的滨州康养职业中等专业学校积极打造养老服务人才基地,开展订单式医康养高端人才培养,形成了“学、练、干”一条线的医康养人才培养新模式;以市场需求为导向,全方位开展养老服务人才政策咨询、订单培养、就业指导等服务,实现人才的供需对接,有效解决了市场需求旺盛与从业人员不足的矛盾。滨州康养中等专业学院获批养老护理员职业技能等级认定资质,每年面向全国培养输送实用型、技术型、创新型高端康养人才 1200 余人,定向培养输出 800 余人。映寿滙康养服务中心配置了健康管家医护专家团队,做好专业医护服务。

护理人员为银发群体提供区别于一般医院专业的护理服务,护理内容主要包括以下内容。

生活照料:依托护理人员专业的护理知识和技能,为银发群体提供基本的生活照料服务,如协助他们进行个人卫生、饮食、睡眠等方面的照顾。

医疗护理:依托丰富专业的医疗资源,如配备基本的医疗设备和药品,在老年人出现健康问题时能够及时处理,同时护理人员具备一定的医疗常识,在必要时可提供紧急救助。

心理关爱:银发群体可能面临孤独、焦虑、抑郁等心理问题,因此护理人员非常重视老年人的心理需求,提供适当的心理支持。这主要通过组织集体活动、提供心理咨询等方式实现。

康复护理:对于一些患有慢性病的老年人,护理人员和康复师等专业人员提供专业的康复护理服务,帮助他们恢复健康,提高生活质量。

安全防护:护理人员对老年人的日常行为进行观察,及时发现并处理安全隐患,以及制定应急预案,确保老年人的人身安全,防止意外事故的发生。

2. 欣悦物业管理与实践

万物生·颐福园园区打造的亲情物业，积极践行“一呼百应”式亲情服务模式；打破传统的物业属性，以打造一个新时代背景下的和合共生的物业服务生态圈和服务模式；秉承康悦物业“三特色”[一是物业不仅限物业(既有形，更无形)；二是物业不以物为重点，而以人为中心；三是物业是“三养”之间的亲情管家]，建设以人为本，人物相宜，养生、养育、养老之间的亲情管家“三个特色”服务新模式。

万物生·颐福园园区亲情物业的专业服务主要包括以下几个方面。

专业设施设备：宽敞明亮的房间、舒适的公共区域、先进的医疗设备和完善的康复设施等。物业对这些设施设备定期进行维护和更新，以确保老年人的安全和舒适。

高质量服务：协助康复师、护理人员提供专业的医疗护理、康复护理和心理关爱等服务。同时，物业工作人员具备一定的专业知识和技能，以满足老年人的需求。

安全防护：确保老年人的人身安全，防止意外事故的发生等。物业制定了应急预案，定期对设施设备进行检查和维护，并对老年人的行为进行观察。

环境绿化：为确保老年人的身心健康，提高生活质量，物业提供舒适的户外活动空间、绿化景观等。

专业管理团队：具备丰富的行业经验、良好的职业素养和服务意识等。同时，管理团队具备高超的管理能力和协调能力，以保证物业的正常运行和老年人的需求得到满足。

发展篇

第八章 就业与社会

银发经济表现为一种创新战略，也表现为一种产业政策。从经济和社会角度看，它不仅满足老年人，也满足所有世代的需求；既促进老年人健康，也创造就业机会和促进 GDP 增长。发展银发经济是我国发展人文经济的特色路径。银发经济既关注群众衣食住行等领域的“急、难、愁、盼”生活必需，也注重调动经营主体前瞻性布局创新领先的蓝海产业，是人文关怀和经济发展的最佳结合，体现出创新驱动对高质量发展的重要性。

一、扩大就业渠道

银发经济是以老年人的服务需求为主导的这部分产品与服务，以及为之服务的基础建设和衍生的经济活动。银发经济涉及养老的产品和服务几乎是全行业、全产业链的。通过发展空间广阔、潜力巨大的银发产业，扩大产品和服务供给，人们可以进而加快推进人才队伍建设，创造更多就业岗位，不断改善就业结构。

加强科研人才培养，围绕康复辅助器具、智慧健康养老等重点领域，推进新一代信息技术以及移动终端、可穿戴设备、服务机器人等智能设备在居家、社区、机构等养老场景集成应用，发展健康管理类、养老监护类、精神慰藉类智能产品应用，推广应用智能护理机器人、家庭服务机器人、智能防走失终端等智能设备。

围绕康养服务领域，支持和引导普通高校、职业院校结合自身优势和社会需求增设银发经济相关专业，合理确定老年学、药学、养老服务、健康服务、护理等专业的招生规模。鼓励开展养老护理等职业技能等级培训及评价，支持校企合作共建产教融合实训基地。

服务行业岗位需求量大且技术要求很低，许多岗位可以通过短期培训获得从业资质，这可以为低教育水平和缺乏劳动技能的人群提供就业机会。围绕老年教育领域，涵养老年人力资源，支持老年人参与文明实践、公益慈善、志愿服务、科教文卫等事业。

银发经济发展需要广泛就业作为支撑。银发经济的产品，包括老年用品产品、老年服务产品、健康促进类产品等需要专业人才开发；银发经济的服务，包括老年金融支持服务、老年人力资源服务、老年文体休闲服务、养老科技和智慧养老服务等都需要具备一定专业基础的人才支持；银发经济基础设施，包括公共环境无障碍和适老化改造、数据平台以及网络基础设施等软硬件建设需要专业人才作支撑；银发经济衍生的经济活动，包括咨询、设计、研发、金融、法律服务等都需要专业人才服务。所以，银发经济的高质量发展离不开各个银发就业岗位，从而进一步促进就业转型，增加就业需求。

二、优化供给侧结构

发展银发经济，助力培育经济发展新动能。老龄化是中国未来一段时期面临的问题，随着老年人消费观念的转变和需求的多样化，银发市场迎来更加广阔空间，为经济高质量发展带来新的增长点。尤其值得注意的是，银发经济是一个多元化的产业体系，涉及面广、产业链长，几乎覆盖国民经济行业的所有类别。

银发经济为扩内需、稳投资提供了广阔市场空间。聚焦人口结构和需求结构变化，精准扩大内需，是我国应对有效需求不足的现实路径。在经济恢复发展过程中,各年龄段人群的健康消费需求更加旺盛,相关领域市场供给不断壮大。同时,我国已经进入中度老龄化阶段,但城乡建设标准适老化不足。在城市更新中加大老旧小区适老化改造、居家适老化改造等,能撬动庞大的政府和市场投资。

以康养产业服务为例,康养产业服务的市场群体包括疾病群体、亚健康群体和健康群体。疾病人群通过中西医结合的治疗和保健恢复健康;亚健康人群通过森林康养和温泉保健来保持健康;健康人群通过体育和文化保健来强身健体、增强体质。各个市场群体对康养产业都有一定的需求。康养产业可以与旅游、文化、医疗等产业进行有机整合,并在整合过程中产生相关的配套需求。例如,康养产业与旅游产业相结合产生健康养生旅游需求,康养旅游的发展又关联到旅游六大要素,产生饮食、住宿、交通、观光、购物、娱乐等需求,从而扩大内需,刺激当地的经济发展。

发展银发经济有助于推动高端银发产品和服务的供给,缓解有效供给不足的弊病。提到人口老龄化,人们首先关注的是老年人的身体健康状况,因而,银发市场上的产品和服务多集中在医疗和养老方面,并且呈现出“重服务、轻产品”的特征,对老年人的精神追求和社交等个性化需求的关注不足,特别是有关老年教育、培训和旅游等方面的产品和服务供给严重不足。而随着越来越多习惯数字化生活的人口步入老年阶段,智慧健康养老新业态迎来广阔发展空间,智能护理机器人、家庭服务机器人等将有机会推广应用于更多寻常老百姓家,智慧经济将成为银发经济的重要组成部分。国外研究表明,电信、金融、住房或建筑、交通、旅游、能源、文化、教育、基础设施、健康(医疗保健)、长期护理、化妆品和美容业都将是银发经济最有前景的行业。银发经济的发展会引发消费市场有效转变,促进银发市场供给侧结构优化。

三、促进社会稳定和谐

发展银发经济是积极应对人口老龄化的关键举措。通过合理配置资源、发挥市场机制作用、加强政策支持等手段，我们可以推动银发经济实现健康、可持续发展，满足老年群体的多样化需求，促进社会和谐与经济增长。这不仅是应对人口老龄化的战略选择，也是实现现代化中国的必由之路。

坚持以人民为中心的发展思想贯穿于促进银发经济发展的各个方面，国家始终把解决好老年人“生活圈、身边事”的“急难愁盼”问题作为发展银发经济的出发点和落脚点，将发展银发经济作为增进老年人福祉，实现老年人共享发展成果、安享幸福晚年的重要途径。促进银发经济发展着眼于实现人民群众老有所养、老有所医、老有所为、老有所学、老有所乐、老有所安，突出老年群体关注的重点领域、薄弱环节，将更多着眼点放在急需解决的“急难愁盼”上，将增进老年人福祉落到实处、做到细处。

构建全生命周期的积极老龄观，为社会经济发展创造良好的人口环境。从生命进程看，人口老龄化绝不只是老年人的事情，而是一个人毕生的过程，影响着全人群、全生命周期的生活与工作。人口变化是一体的，应对人口老龄化问题不能仅聚焦于老年人，更要构建全生命周期的积极老龄观，以便进行前瞻性的社会干预和引导。做好各年龄段人群的健康管理服务宣传工作，提升其健康理念，并鼓励他们主动为老年期做好物质、健康和精神准备，进而构建代际和谐的全龄友好型社会。

为青年人解除后顾之忧，缓解家庭矛盾，优化创业环境。青年人创业、发展需要和谐稳定的家庭环境作为依托。很多时候，家庭矛盾是由养老问题所导致的，进而影响家庭稳定和社会和谐。据《中国婚姻家庭报告 2023 年版》显示，我国婚姻家庭离婚率从 2000 年的 0.96‰上升到 2020 年的 3.1‰，但由于 2021 年开始实施离婚冷静期，2022 年离婚率下降到 2.0‰。据统计，因家庭中老年人养老问题造成的离婚占 18.92％，并呈逐年上升趋势，这表明养老问题处理不得当极易引发家庭危机，进而影响社会稳定。

第九章　政府与政策

银发经济发展同其他经济形式一样，离不开政府的投入和支持。从总体上看，政府投入一般分为三种方式。一是直接投入，主要依靠公益项目和国有企业予以完成投入；二是通过财政平台政策支持民营企业或其他经济主体进行项目建设和发展；三是在土地、规划、环保、能源等生产要素上予以支持，以降低经营成本，提高经济效益，推动银发经济发展。

一、政府投入

1. 政府投入的内涵概念

(1)政府投入的基本概念

政府投入是指使用预算安排的资金进行固定资产投资建设的活动，是全社会固定资产投资的重要组成部分。政府投入作为一项重大政府职能，事关经济社会发展全局，既是实施宏观调控、落实国家发展战略的重要手段，也是引导和带动社会资本扩大有效投资的有力抓手，在稳增长、促改革、调结构、惠民生、防风险以及补齐发展短板、优化供给结构、增强发展后劲等方面发挥着关键作用。

政府投入是政府作为投资主体的投资。西方国家的政府运用税收方式筹集资金，主要从事公共事业、基础设施等方面的投资。我国在一段相当长的时期内，政府是全国主要的投资者，几乎所有的重要投资项目都是由政府投资主持的。党的十一届三中全会后，投资领域发生了许多重要变化，由原来单一的政府投资主体发展为政府、企业、个人、外资等多种形式的投资主体。政府通过投资起到引导投资、调整投资结构、贯彻产业政策的重要作用。

(2)政府投入之于银发经济

政府投入之于银发经济主要指强化政府投入对于银发经济的支持。优化中央预算内投资相关专项使用范围，支持符合条件的新建养老服务设施搭载信息化管理系统和推广使用智能化人工替代设备。通过地方政府专项债券支持符合条件的银发经济产业项目。用好普惠养老专项再贷款，对符合条件的公益型普惠型养老机构运营、居家社区养老体系建设、纳入相关目录的老年产品制造企业等，按照市场化原则提供信贷支持。鼓励各类金融机构在坚守职能定位、依法依规的前提下，加大对养老服务设施、银发经济产业项目建设的支持力度。政府投入的领域主要包括但不限于以下几个方面。

①银发事业：老年助餐服务、老年社区便民服务、老年健康服务、老年文体服务、农村养老服务。

老年助餐服务。政府完善多元筹资机制，允许有条件的地方政府给予老年助餐服务机构一定的运营补助或综合性奖励补助。支持各地结合经济发展水平和财力状况，按规定对享受助餐服务的老年人给予补贴或发放老年助餐消费券。

老年社区便民服务。由政府投入建设改造一批社区便民消费服务中心等设施，引导老年日用产品实体店合理布局，鼓励商场、超市等开设老年专区或便捷窗口。推进完整社区建设，发展社区嵌入式服务设施，推动物流配送、智能快递柜、蔬菜直通车等进入社区。

老年健康服务。政府投入建设康复医院、护理院（中心、站）、安宁疗护机构，加强基层医疗卫生机构康复护理、健康管理等能力建设，鼓励拓展医养结合服务，推动建设老年友善医疗机构。

老年文体服务。政府投入建设老年大学，推动面向社会开放办学。依托老年大学搭建老年教育公共服务平台，建立老年教育资源库和师资库。

农村养老服务。充分利用农村特困人员供养服务设施（敬老院）等，政府投入资金采用委托经营等方式开展养老服务。支持当地养老机构、餐饮场所等增加助餐功能。

②银发产业：银发经营主体、银发行业组织。

银发经营主体。发挥国有企业引领示范作用，鼓励和引导国有企业结合主责主业积极拓展银发经济相关业务。国有企业发展布局银发经济相关产业，或提供场地设施用于养老服务，相关投入在经营业绩考核中予以统筹考虑。发挥民营经济作用，完善政企沟通联系机制，打破不合理的市场准入壁垒，推动银发经济政策、资金、信息等直达快享。

银发行业组织。鼓励依法成立银发经济领域社会组织，增加政府投入支持企业、科研院所、行业协会等组建产业合作平台或联合体，深化产业研究、资源整合、行业自律。加强公共数据共享，支持行业组织开展产业运行监测分析和信息发布。

③银发产业要素支撑：加强科技创新应用、用地用房保障、健全数据要素支撑。

加强科技创新应用。围绕康复辅助器具、智慧健康养老等重点领域，谋划一批前瞻性、战略性科技攻关项目。政府投入通过中央财政科技计划（专项、基金等）支持银发经济领域科研活动，提高自主研发水平。加大产业高质量发展、战略性新兴产业发展等专项对银发经济的支持力度。

用地用房保障。政府科学编制供地计划，保障养老服务设施和银发经济产业用地需求。

健全数据要素支撑。加大政府投入建立银发经济领域数据有序开放和合理开发利用机制，统筹政务和社会数据资源，加强国家层面养老相关数据共享，推动数据要素赋能产业发展。依法规范智能化产品和服务中的个人信息收集、使用等活动，加强技术监测和监督检查，做好安全防护和风险控制。

2. 政府投入的方向重点

(1)政府对于银发产业的投入

2024年5月，陕西省渭南市印发《渭南市“十四五”养老服务体系专项规划》，大力发展“银发经济”，推动智慧养老创新发展和培育老年服务消费市场。渭南市紧紧围绕养老事业高质量发展，将建设老年友好型城市作为优化产业空间布局、提升产业发展层次的重大战略，以加快养老事业高质量发展为主要抓手，不断健全养老服务体系，加大养老人才培育，大力发展银发经济。为推动渭南市银发产业发展，当地政府以渭河以北平原地区为依托，发展现代农业和健康食品、文旅康养产业；以创新创业基地为核心，基地范围内共实施双创中学、双创医院等重点项目20个，总投资69.46亿元，计划完成投资30.76亿元。

(2)政府对于银发经济的资金支持

广州市开发区、黄埔区正视银发经济巨大潜力，第一时间推出“银发经济10条”为银发经济发展提供资金支持。对于银发产品和服务的补贴，对单个营业收入达2000万元以上且入选老年用品产品推广目录及智慧健康养老产品及服务推广目录的产品和服务，给予单项最高20万元补贴，每企奖励不超100万元。对于银发经济项目的补贴，政策鼓励引进具有全局带动和重大引领作用的产业项目落户该区，最高给予1000万元落户奖励。对于入驻当地银发经济发展园区的企业或机构，按实际租金的50%给予每平方米最高50元的租金补贴，每企每年最高可获得100万元扶持。

(3)政府对于银发事业的投入

2023 年 9 月,上海市松江区新桥镇政府投入 1.2 亿元与饿了么公司合作,打造政府补贴与外卖平台的社区助餐项目,通过将社区食堂上线,使得老年居民能享受送餐到家的服务。老人们在向街道提出申请并通过后,可以每日通过饿了么 App 领取来自镇区两级政府的“惠老助餐红包”补贴,单人套餐均价 10 元出头。饿了么公司通过该模式也获得了大量稳定的优质客户资源。

3. 政府投入与生产运营

(1)环境补充与影响

政府投入可有效补充产业发展环境的短板和弱项,推动产业环境符合未来产业发展的需求,为产业发展提供必要的政策支持,有效解决土地、资金、人才、市场主体、科学技术、激励制度等要素。广州市黄埔区大力优化银发经济发展环境,高标准整合全区养老资源,强化人才、金融、土地等银发经济要素保障,积极引导本区银发经济龙头企业研发新技术、开发新产品、创建新平台,构建银发场景生态,创新场景示范应用,重点推动嵌入式社区养老供需对接及资源配置,着力提升综合养老服务中心和村居颐康服务站功能,全力打造一批示范养老机构,全面提升老年助餐、居家助老、社区便民、养老照护、老年文体、农村养老等服务水平,让老年人共享发展成果、安享幸福晚年。

(2)产业链、供应链的补充与影响

政府投入聚集银发经济的产业上下游企业,供给银发经济产业发展的全要素资源。2024 年 3 月 28 日,广东省首个银发经济产业园在黄埔区南方美谷揭牌,活动吸引了超 70 家银发经济企业代表参加,并举行了首批入驻企业、机构的签约仪式。这些企业涵盖了银发经济的上、中、下全产业链。除了引进这些企业,当地政府还积极探索搭建智慧银发产业体验馆,为企业提高品牌认知度,打通精准对接供应链,打造银发经济产业集聚的小生态，推动银发经济高质量发展。政府投入建设的银发经济产业园，有效地促进了园区内银发经济要素的高效组合，推动了全要素生产率的提升。

(3)服务补充与影响

政府投入对于产业服务体系的构建将发挥巨大推动作用：一是带动支撑银发服务业发展；二是促进政务服务水平进一步提升，给银发产业市场主体的发展带来极大便利。山东省垦利县人民政府为进一步提升银发金融服务深度、广度和温度，帮助老年人跨越数字鸿沟、乐享老年生活，区内各银行机构聚焦适老工作，通过打造银发服务场景、提供上门服务、加强老年人金融知识宣传等措施做实做细老年人金融服务，促进银发经济发展壮大。安徽省铜陵市税务局通过采取上门送优惠政策“大礼包”、建立银发企业专属税费服务群精准答疑、网络推送税收减免政策等措施，为银发经济主体提供优质税务服务，精准服务助力银发经济发展。

二、财政政策

1. 政策的内涵及意义

政策是政府为了实现一定的经济和社会目标而对产业的形成和发展进行干预的各种规定的总和。政策主要通过制定国民经济计划(包括指令性计划和指导性计划)、产业结构调整计划、产业扶持计划、财政投融资、货币手段、项目审批来实现。政策的意义在于弥补市场失灵，充分发挥其在资源配置中的作用，使得经济能够在市场机制和政策宏观调控两只手的综合作用下，推动经济资源的有效循环和配置。

例如房地产政策，当一定时期内国家将房地产作为推动经济快速发展的产业来发展时，将会推出一系列政策，推动各种经济资源向房地产行业汇集，如取消单位分房、放宽商品房建设用地指标、放宽购房人信贷门槛、降低银行贷款利率等。当房地产行业发展过快，存在脱实向虚风险时，国家又采取了加大商品房购买限制、严格商品房建设指标、提高二套房及以上购房限制、提高商品房贷款利率等政策，引导各要素资源从房地产流向其他产业。

2. 银发经济相关政策

具体内容详见第三章国内发展银发经济的政策支持。

3. 把握政策的要点

①对涉及的政策要学深研透。就是明确这些政策鼓励什么、支持什么，鼓励到什么程度、支持到什么程度，用什么方式手段鼓励和支持，解决是什么的问题。这一条的关键是熟！

②要了解政策落地的支撑条件。任何政策落地都需要接受政策的主体具备一定的前提条件，这个必须搞清楚弄明白。这一条的关键是准！

③要充分分析自身的基础和要素。要有自知之明，要对照②的要求，逐条分析自己的利弊，知彼知己才能制胜。这一条的关键是明！

④要针对②③点之间的差距找出对策。补齐短板才能接受政策，②③点之间的差距就是短板。政策有时效性，补短板需要时间，必须让出时间给政策落地留有余地。这一条的关键是备！

⑤要善于沟通交流。和政策主管部门要有足够的沟通交流，这是政策落地的润滑剂。再好的药也需要水服，再完美的准备没有沟通也难以对接。这一条的关键是勤！

三、要素环境

1. 生产要素概念与内涵

生产要素是经济学中的一个基本范畴，包括人的要素、物的要素及其结合因素。生产要素指进行社会生产经营活动时所需要的各种社会资源，是维系国民经济运行及市场主体生产经营过程中所必须具备的基本因素。生产要素包括土地、劳动力、资本、技术、数据等，随着科学技术和生产力的不断发展，还将会有更多的要素作为相对独立的要素投入生产。这些生产要素进行市场交换，会形成各种各样的生产要素价格及其体系。

2. 生产要素作用及意义

生产要素在社会生产和经济活动中扮演着关键角色，它们是进行生产经营活动所必需的各种社会资源，对于维系国民经济运行和市场主体的生产经营至关重要。生产要素的主要作用包括：一是创造使用价值。生产要素与劳动者的具体劳动结合，创造出不同的使用价值。它们是人类劳动的载体，为劳动者的抽象劳动创造价值提供必要的物质条件，但本身并不能创造新的价值，只有人类的抽象劳动才是商品价值的唯一源泉。二是推动生产力发展。随着科技的发展和知识产权制度的建立，技术成为相对独立的要素投入生产，生产要素的结构和方式也发生变化，生产力越发达，这些要素的作用越大。三是促进资源优化配置。生产要素的市场交换形成各种价格及其体系，促进资源的优化配置和生产效率的提高。

3. 生产要素的组合和利用

生产要素可分为两大部分：一是劳动力、劳动工具、劳动对象等人和物的因素。它们是社会生产所必需的硬件，称为“硬生产要素”。二是资金、技术、专利、信息、数据等。它们是社会生产的软件，称为“软生产要素”。生产要素动态组合是指在非均衡条件下，生产要素在企业、部门和产业间的经常性流动、转移，方便地形成新的生产要素组合式。利用经常变化的生产要素组合，可达到优化要素结构、提高要素效率、改变产业结构的目的。

各生产要素的组合和利用，都是充分发挥市场在资源配置中的决定性作用和更好发挥政府作用的结果。市场主要通过价格、供求、竞争三种机制实现对生产要素的快速高效配置，而在市场失灵的公共领域主要通过政府采取的战略布局、产业体系和宏观调控实现对于市场的弥补。

4. 银发经济生产要素配置现状

银发经济发展更强调在老龄化社会中如何对土地、资本、技术、劳动力等生产要素进行合理配置，使各类资源更好地适应人口结构老龄化的新需要。目前，银发经济生产要素配置还存在以下短板和不足。

第一，政策体系不健全。发展银发经济需要加强顶层设计，为生产要素的高效配置搭建良好的政策体系。目前，政府根据人口结构变化，构建的银发群体劳动参与机制、社会保险制度、专属商业保险制度等不健全。政府要遵循市场规律，制定产业政策，以有为政府助推有效市场，形成“为老”和“备老”产业发展格局，同时要实施相关政策支持家庭养老育幼功能，提高老龄化社会下各类风险的防控能力。

第二，高素质专业劳动力不足。我国现有教育体系并没有充分关注银发经济人才需求。高校毕业生虽然理论知识丰富，但参与发展银发经济的实践经验和专业技能不足。虽然我国已经有一部分高校开设了银发经济相关专业，但人才短缺仍是制约银发经济技术发展的关键因素。此外，银发经济的技术人才需要具备跨学科的知识，如医学、心理学、信息技术等，这使得高素质专业人才更加稀缺。

第三,大规模资金投入不足。发展银发经济需要政府、企业和社会共同努力,加大资金投入,为银发经济的发展提供有力的支持。目前,政府对于银发经济发展的专项资金投入、税收优惠、补贴和奖励等较少,民间资本参与银发经济领域的投资和运营的氛围不浓,金融机构为满足银发经济领域的资金需求所做的金融产品和服务创新不多,外商直接投资和合作投资对于银发经济的支持不强。

第四,专业技术支撑不足。虽然我国在银发经济领域取得了一定的成绩,但与发达国家相比,我国在技术研发方面的投入仍然不足。目前,许多与银发经济相关的技术,如健康管理、智能穿戴设备等,仍需依赖国外厂商。技术应用场景单一。当前,许多与银发经济相关的技术应用仅限于养老、健康管理等领域,缺乏多元化的应用场景。这限制了技术的推广和普及,也限制了银发经济的发展空间。

第十章　理念及文化

理念是个人的观念和认知，文化是公众的精神和食粮。理念和文化是个性和共性、个别和一般的关系，理念达成共识，即是文化。理念及文化是经济发展的内在动力和基础。理念、文化催生激情，激情产生动力，动力推动发展。银发经济是消费经济，消费需要规模，理念、文化是规模产生的沃土和环境。

一、养老理念

1. 传统养老理念特点

强调家庭责任是中国传统养老理念的重要特点。传统的养老理念强调亲情、孝道和家庭观念，这些价值观念在现代社会中仍然被广泛接受和遵循。家庭成员对老年人的照顾和赡养被视为一种道德责任和社会义务，这种责任在传统养老理念中扮演着非常重要的角色。

中国传统的养老理念注重老年人的身心健康。在中国，老年人普遍认为保持健康的身体和良好的心态是享受晚年生活的前提。因此，中国的养老文化强调饮食健康、适量运动、精神愉悦等方面的重要性。

倡导互助共享也是传统养老文化的理念。在中国，老年人之间互相帮助、分享经验是一种普遍的现象。老年人通过参加社区活动、志愿服务等方式，发挥自己的余热，为社会作出贡献。一些老年人将自己的知识和技能传授给下一代，形成一种跨代传承和互助共享的文化氛围。

传统养老理念的特点还包括：传统中国家庭普遍倡导多代同堂的养老模式，即祖父母、父母和子女共同生活。这种模式使得传统养老理念更加注重家族的凝聚力和亲情关系。注重孝道文化。孝道在中国文化中占据着重要的地位，尊敬和照顾年长者被认为是家庭成员的责任。子女有义务照顾和供养父母，尤其是在他们年老体弱的时候。老年人在传统养老理念中的角色很重要。老年人通常担任着家庭中的重要角色，他们是智慧的代表，具有家庭和社会经验，经常为家庭提供意见和建议。

传统养老理念中存在道德绑架。养老问题是一个复杂的社会和家庭问题，涉及经济、文化、情感等多个方面。在中国传统文化中，子女赡养老人被视为一种道德责任和孝道的体现。然而随着社会的发展和人口结构的变化，传统的养老模式面临着挑战：不应该将赡养老人的责任完全道德绑架给子女。随着现代社会个体自由意识的增强，越来越多的人认为养老应该是个人、家庭和社会共同承担的责任。

传统养老理念下的被动养老。指老年人由于经济能力或其他原因，无法自主安排自己的养老生活，而必须依赖于子女或他人的安排和照顾。在被动养老的情况下，老年人可能无法选择自己喜欢的养老方式，如抱团养老、养老院生活或雇用全职保姆居家养老。被动养老的老年人可能会感到自己被剥夺了对生活的控制权，即使对某些安排不喜欢，也没有选择的余地。与此相反，经济条件较好的老年人则有更多的选择和自由，可以按照自己的喜好来规划晚年生活。

2. 时代需求的养老理念及特点

主动养老是一种新型的养老理念，强调低龄有活力的老人应主动参与和自我主导老年生活，积极规划和设计自己的老年生活，以及在健康、社会参与、生活方式上实现自主创新和控制。这种养老理念与传统的被动养老理念不同，标志着老年人角色的转变，从被动接受照顾转变为积极规划和享受生活。主动养老的特点包括以下几个方面：自谋，指老年人对自己未来老年生活的积极规划和设计。自养，强调老年人在自理阶段的自我完善和为将来的老年生活做准备，体现了老年人对自己养老责任和社会责任的承担。自健，意味着老年人应主动面对和接受衰老，负责自己的健康管理，减少对医疗的依赖，并通过建立健康的生活方式实现长寿。自为，表示老年人应积极融入社会，发挥自己的价值，为社会、他人和时代作出贡献，从而提高晚年生活的品质和意义。

3. 养老理念转变及任务

养老理念应从传统被动养老向主动养老转变，主要任务包括：一是加强宣传教育。宣传教育可让老年人了解现代养老理念和现代养老模式的优点，让他们认识到传统养老方式的不足之处。二是加强社区服务建设。建立社区服务中心，提供各种便利服务，如定期体检、健康咨询、文化娱乐等，让老年人感受到现代养老服务的便利和舒适。三是增强家庭关爱。鼓励家庭成员多关心老年人的身心健康，尊重老年人的意愿和需求，帮助老年人适应现代生活方式。四是建立老年人组织。建立老年人组织，让老年人参与社区建设和社会公益事业，增强老年人的社会责任感和归属感。五是普及科技知识。普及科技知识可让老年人了解现代科技的应用和发展，提高他们的科技素养，从而更好地适应现代社会的生活方式。

二、养老文化

1. 养老文化的现状及特点

养老文化是指与养老相关的文化观念、价值取向、行为方式等，涵盖了老年人的生活方式、健康保健、精神文化需求、社会参与等方面，旨在提高老年人的生活质量和幸福感。养老文化强调尊重老年人、关爱老年人、服务老年人，倡导家庭养老、社区养老、机构养老等多种养老方式，以满足不同老年人的需求。同时，养老文化也注重老年人的精神文化需求，通过开展各种文化活动、志愿服务等，丰富老年人的精神生活，提高他们的生活质量。

养老文化的发展不仅关乎老年人的福祉，也关乎社会的和谐与稳定。随着人口老龄化的加剧，养老文化的建设和发展越来越受到社会的关注和重视。

2. 养老文化的发展及方向

健康养老文化：随着老龄化社会的到来，健康养老成了养老文化发展的首要方向。通过健康的生活方式、科学的饮食结构、适度的体育锻炼和定期的健康检查，老年人能够保持身体健康，延缓衰老过程，提高生活质量。同时，加强老年人的健康教育，提升他们的自我保健意识和能力。

智慧养老文化：利用现代科技手段，推动智慧养老的发展。通过智能家居、远程医疗、健康监测等技术，为老年人提供更加便捷、高效的服务。智慧养老不仅可以提高老年人的生活质量，还能减轻家庭和社会的负担。

绿色养老文化：倡导绿色养老理念，关注老年人的生活环境和生态健康。通过推广环保生活方式、建设生态宜居环境等方式，为老年人提供一个清新、健康的生活环境。同时，加强老年人的环保意识和教育，培养他们的绿色生活习惯。

文化养老：重视文化养老在养老文化发展中的重要地位。通过组织文化活动、开展文化教育、建设文化设施等方式，丰富老年人的精神文化生活。同时，鼓励老年人参与文化传承和创新，发挥他们的智慧和才能。

个人参与沉浸式养老：沉浸式养老作为一种新兴的养老方式，正在逐渐受到广大老年人的青睐。这种养老方式通过增加老年人参与真实劳动生产或创作，为老年人创造了一个更加真实、生动、有趣的养老环境，让他们能够在其中享受更加丰富的晚年生活。个人参与沉浸式养老，不仅意味着老年人需要主动接受和学习新技术，更意味着他们要在这种养老方式中扮演更加积极的角色。

三、文化体系

1. 文化组织

(1)文化组织概述

文化组织是致力于培养人们的兴趣、增进情感联系、传递知识和文化以及丰富日常生活的社会组织。它们涵盖了社会各个层面的教育组织、医疗组织、学术机构、科研单位、文艺组织和宗教组织等。这些组织的存在，不仅为人们提供了学习、交流的平台，还促进了文化的发展和传承。

(2)文化养老组织

文化养老组织的宗旨是为老年人创造一个温馨、健康、充实的养老环境，提升他们的生活质量，促进他们的身心健康，并传承和引扬中华文化。文化养老组织通过丰富多彩的活动和服务，满足老年人的多元化需求，让他们在晚年生活中感受到家的温暖和文化的魅力。

文化养老组织的活动主要包括：定期组织各类适合老年人的活动，如健身操、太极拳、舞蹈班、书法班等，旨在促进老年人的身体健康，提高他们的生活乐趣。开展健康养生讲座，邀请专业的医生、营养师、健康顾问等，为老年人定期开展健康养生讲座，分享健康饮食、疾病预防、日常保健等方面的知识，帮助老年人建立科学的生活方式，提高健康水平。提供老年心理关怀服务，如心理健康讲座、心灵交流会等，为老年人创造一个温暖的心灵家园。组织教育培训，如电脑基础、智能手机使用、摄影技巧等。这些活动旨在帮助老年人跟上时代的步伐，拓宽他们的视野，提升他们的生活质量。

2. 文化机制

文件体制机制的建立需要做到以下几方面：

一是政策法规制定。养老文化体制机制建设首先需要建立健全的政策法规体系。政府应出台相关政策，明确养老文化的定位、目标、原则等，为养老文化的发展提供法律保障。同时，政策法规还应涵盖资金支持、税收优惠、人才培养等方面，为养老文化的具体实施提供制度支撑。

二是资金筹措机制。养老文化的发展需要稳定的资金支持，因此应建立多元化的资金筹措机制，包括政府拨款、社会捐赠、企业投资等，同时还应探索建立养老文化基金，通过市场化运作，实现资金的增值和循环利用。

三是服务体系构建。养老文化服务体系的构建是养老文化体制机制建设的重要内容，应完善养老文化设施，提供多样化的文化服务，如图书阅读、文艺演出、文化讲座等，同时还应加强服务人员的培训和管理，提高服务质量和水平。

四是人才队伍建设。人才是养老文化发展的关键。因此，应加强养老文化人才队伍的建设，包括文化工作者、志愿者等。通过建立健全的人才培养机制，提高人才的专业素养和服务能力，为养老文化的发展提供有力的人才保障。

五是科技应用创新。科技应用创新是养老文化体制机制建设的重要手段，应积极探索将现代科技用于养老文化服务中，如智能化设备、虚拟现实技术等。通过科技手段的创新和应用，提高养老文化服务的便捷性和趣味性，增强老年人的参与感和获得感。

六是社会参与机制。养老文化的发展需要广泛的社会参与。因此，应建立健全社会参与机制，鼓励企业、社会组织和个人参与养老文化的建设和服务。通过社会力量的参与和支持，推动养老文化的繁荣发展。

七是宣传教育推广。宣传教育推广是养老文化体制机制建设的重要环节。应通过各种渠道和方式，加强对养老文化的宣传教育推广力度，提高老年人对养老文化的认知度和参与度，同时还应加强对社会大众的宣传教育，提高社会对养老文化的关注度和支持度。

八是监管评估体系。建立健全的监管评估体系是确保养老文化体制机制有效运行的重要保障。应建立专门的监管机构负责对养老文化服务的监督和管理，定期对养老文化服务的质量、效果等进行评估和反馈，同时还应建立公开透明的信息披露制度，接受社会各界监督和建议。

3. 文化活动

文化活动是对文化养老理念的践行。文化养老是在保障老年人物质生活需求的前提下孕育出的一种更高层次的养老需求，以满足老年人精神需求为出发点，达到沟通情感、交流思想、拥有健康身心的目的，这是一种相对于物质赡养而后起的积极的养老理念，同时也体现了中国传统文化和当代人文关怀。

养老文化活动主要包括：唱歌、书法、绘画、写作、摄影、园艺、从事志愿者工作及其他给老年人身体及心理带来益处的活动。

四、特色文化

1. 主动养老

主动养老，就是要求认识规律（老年是人生的必然阶段，有共性特点），顺应规律，研究规律，利用规律。

2. 活着养老

活着养老，就是按照老年人老化规律特点，分阶段科学安排养老生活，以消费为基础、以高质量为目标养老，不能因惜钱而影响养老质量。

3. 心安养老

心安养老是一种养老理念，强调在养老过程中老年人的心理健康和生活质量同样重要。这种理念认为，只有当老年人内心感到安宁、满足和幸福时，他们才能真正享受到养老的乐趣和意义。

要实现心安养老，需要从多方面入手。首先，要为老年人提供一个安全、舒适、温馨的居住环境，让他们能够感受到家的温暖和关怀。其次，要关注老年人的心理健康，提供心理支持和咨询服务，帮助他们排解孤独、焦虑等负面情绪。最后，还要为老年人提供丰富多彩的文化娱乐活动和社交机会，让他们能够保持活力、充实自己的生活。

在实现心安养老的过程中，需要全社会的共同参与和努力。政府应该加大对养老事业的投入和支持，推动养老服务的完善和发展。社会组织和志愿者也应该积极参与养老服务，为老年人提供更多的关爱和帮助。同时，家庭成员也应该更加关注老年人的需求和感受，给予他们更多的陪伴和照顾。

4. 智慧养老

山东省淄博市华夏孝之源智慧居家养老服务有限公司结合十余年居家和社区养老服务经验，努力打造“三五七”智慧居家养老服务新模式，有效破解了居家养老服务中的“痛点”“难点”“堵点”问题，为积极应对人口老龄化战略插上了智能化“翅膀”。

“三五七”模式是可推广、可复制的智慧居家养老服务新模式。“三”是指智慧社区、智慧家庭和智慧养老三位一体。“五”是指智慧居家养老“五以”，即以弘扬孝文化起航、以人工智能赋能、以线上线下融合发展、以服务居家养老落地、以全国连锁定位。“七”是指智慧社区养老“七进”，即党建引领进社区、长者食堂进社区、医疗保健进社区、文体娱乐进社区、养老设施进社区、志愿服务进社区、智慧居家养老进社区。“三五七”模式将人口老龄化战略揉为一体，具有独特的制度优势和发展优势。

党建引领是“三五七”模式的精神内核，能够在基层治理中坚持和加强党的全面领导。居家养老是“三五七”模式的鲜明特色。人工智能是“三五七”模式的领航优势。以盈补亏是“三五七”模式的公益特性。系统集成是“三五七”模式的扩张逻辑。

“三五七”模式的推进路径：着力加强政策支持，注重发挥典型引路，突出强化市场化运作，积极推动复制推广。

“三五七”模式的结构关系：正确把握政府、社区与企业的关系，正确把握投资方、技术方与运维方的关系，正确把握智慧社区、智慧家庭与智慧养老的关系，正确把握为全社区服务与为老年人服务的关系，正确把握社区现代化与城市现代化的关系。

第十一章　机制与管控

目前，我国银发经济整体处于起步阶段。银发经济相关政策存在碎片化，产业发展在统一的税收、土地、人才、投融资等方面的政策扶持和规划引领尚不完善；银发经济的产品、服务、基础设施及其衍生的经济活动尚未形成有效的过程管控机制；银发经济发展的法律体系尚不健全，法治保障尚需进一步完善。所以要促进银发经济的高质量发展，就要着手构建政策支撑体系、强化过程管控机制、健全法治保障体系。

一、构建政策支撑体系

党中央高度重视老龄工作，出台了一系列政策文件，促进银发经济高质量发展。为进一步扩大养老机构供给总量、助力养老企业发展，国家发展改革委等部门先后印发《城企联动普惠养老专项行动实施方案（试行）》《养老托育服务业纾困扶持若干政策措施》，探索支持社会力量和地方政府合作，加大普惠养老有效供给。为提升养老服务体系质量和服务水平，民政部等部门先后出台《养老服务标准体系建设指南》《〈养老机构等级划分与评定〉国家标准实施指南（2023 版）》，积极开展养老院服务质量建设专项行动、居家和社区基本养老服务提升行动等。为完善老年健康支撑体系，国家卫生健康委等部门牵头制定实施《关于建立完善老年健康服务体系的指导意见》《关于进一步推进医养结合发展的指导意见》《关于开展老年痴呆防治促进行动(2023～2025年)的通知》。2024年1月15日，国务院办公厅印发《关于发展银发经济增进老年人福祉的意见》，提出4个方面26项举措。这是我国首个以“银发经济”命名的政策文件。

中国虽已在老年产业和服务上出台了一系列政策，但就目前现状看，政府的扶持力度仍不到位，未能形成较为完善的政策体系。已有的政策文件多将注意力放在养老服务方面，对银发经济的关注则不足。在专门针对老年群体的扶持政策层面，较多指向产业发展总体方向，而对产业扶持技术、金融扶持环境以及企业融资手段和渠道等方面则涉及不多，且缺乏具体的扶持行动。例如，社会力量在参与养老服务方面依然存在政策落实难、准入审批难和融资贷款难等问题，致使一些企业因为能力不足或市场调研、挖掘成本太高望而却步。

要促进银发经济高质量发展，必须坚持问题导向，从顶层设计入手。一是将银发经济发展融入社会经济发展规划整体战略，将服务对象拓展至全人群，统筹推进“为老＋备老”“消费＋投资”“解决急难愁盼＋培育潜力产业”等不同板块和功能，加快制定支持银发经济高质量发展的指导意见，完善银发产业政策体系，在土地供应、资金补助、信贷融资、税费减免、人才培养等方面出台一系列优惠政策，并将政策措施具体化，建立相应的配套实施机制。二是健全完善老年用品目录，研究制定银发经济行业分类目录、专项统计调查制度等，加快构建银发经济发展统计监测指标体系和评价体系，对全国及各地银发经济发展情况进行动态系统监测，摸清银发经济规模、趋势和结构性特征。三是鼓励各部门各地方以及国企、私企、创新平台和科技机构，齐心聚力、添砖加瓦，共同赋能银发经济的培育和发展，推动极具发展潜力的营养保健、康复辅具、养老金融、适老化家居等细分行业发展壮大，充分发挥银发经济对于积极应对人口老龄化国家战略的支撑功能，向全世界展示积极应对人口老龄化“中国模式”的全新内涵。

二、强化过程管控机制

银发经济是向老年人提供产品或服务，以及为老龄阶段做准备等一系列经济活动的总和，涉及面广、产业链长、业态多元、潜力巨大。所以促进银发经济高质量发展，要在金融、原材料、物流、研发、生产和制造、产品和服务、流通、销售等一系列经济活动中，加强全产业链的全过程监管。

加强和完善市场的综合监管制度，建立健全老年用品领域标准化信息服务平台，建设标准化、专业化的老龄产业质量测试平台，以标准化提升产品质量。建立完善的银发产品（服务）技术标准体系和行业认证标准体系，以标准体系引导和规范各类市场主体行为。加大银发产品和服务商标、包装装潢、外观设计、发明专利等知识产权保护力度。鼓励相关企业针对老年人需求的特殊性、差异性和多样性，进行准确市场定位和精准市场细分，开发设计多样化、个性化、人性化的适老产品和服务。

健全老年服务和产品市场的准入、退出、监管制度等，明确银发消费市场的监管责任主体，实行规范严格的质量检查制度和抽查制度，严厉打击假冒伪劣商品制售行为。成立专业评估机构，对银发市场的产品和服务质量进行严格把控。设置相关投诉平台和平台追踪回访机制，确保银发消费市场风清气爽，不断提高银发消费市场的产品质量和服务水平，引导和激励银发消费企业诚信守法经营，从而营造品质化、便利化、诚信化的消费市场环境。唯有完善制度规范，提高老年产品和服务市场的准入门槛、行业标准，督促企业提升售后服务质量，严厉查处各类违法违规行为，才能更好地维护老年消费者合法权益，让老年人敢于消费、乐于消费。

加强银发经济相关企业线上平台审查和监控，做好网络监管工作，加强取证和投诉举报机制建设，对网络诈骗等违法失信、损害老年人利益的行为主体要给予严厉惩罚，帮助老年群体维护自身权益。

三、健全法治保障体系

促进银发经济高质量发展，既需要宏观政策多管齐下、加力提质提效，也需要发挥好法治固根本、利长远的保障作用。要有序推进银发经济立法进程，以法治思维和法治方式推动银发经济高质量发展。

建立完善中国特色老龄法律法规体系。科学立法的要求在老龄法治方面表现为必须以中国的老龄化实际情况为前提，在符合基本国情的基础上，积极探索符合中国老龄化客观要求的法律调整规则，建立完善中国特色的老龄法律法规体系，包括老年人权益保障法、老年人福利法等，确保老年人的合法权益得到保护。经过多年的立法探索与实践，中国目前已形成了以宪法为指引，以老年人权益保障法为核心，综合相关法律部门，并辅以相关的部门立法及大量地方性法规、规章的较为完整的老龄法律体系。这些法律规范的制定，为通过法律方式调整老龄化社会关系、应对老龄化社会挑战、解决老龄化社会问题打下了坚实的基础。

着力为银发经济健康发展打造法治引擎。银发经济的发展对加强依法监管提出了新的更高要求。要加强银发经济法治保障，完善银发经济全产业链的相关立法。要综合采用立改废释纂方式，及时清理、修改、废止不适应银发经济发展需要的规定，把实践证明比较成熟的改革经验和行之有效的改革举措上升为法律，使银发经济各方面制度更加成熟定型。要通过法律制度建设形成改革共识，在涉及银发经济立法立项、起草、论证、协调、审议各环节，拓展社会各方有序参与的途径和方式，健全公众意见采纳情况反馈机制，促进形成各方面推进银发经济建设的共识。同时，在互联网迅速发展的大背景下，要加快推进消除数字鸿沟的相关法律法规的立法进程，为积极应对老龄化社会提供法治保障。

广泛开展法治宣传。引导银发经济产业主体自觉将法治意识、契约精神、守约观念等现代经济活动规范意识融入市场活动，把守法诚信作为安身立命之本，依法经营、依法治企、依法维权。积极发挥银发经济行业协会商会自律功能，加强行业规章、商会章程等社会规范建设，引导经营者自觉遵守和维护市场秩序。弘扬社会主义法治精神，挖掘中华法治文明的深厚底蕴，传承中华优秀传统法律文化，培育全社会法治信仰，把法治教育融入人民群众日常的道德教育和文明实践，把宣传市场经济法律与引导全社会继承发扬中华民族重信守诺的传统美德结合起来，弘扬诚信文化、契约精神，让遵法守法、守信践诺在全社会蔚然成风。同时，要加强对老龄法律法规的宣传和普及，提高老年人的法律意识和维权能力，广泛开展老年人识骗防骗宣传教育活动。采用老年人易于接受的宣传语言和形式，开展保健知识和防养老诈骗宣传，依法严厉打击以投资“养老项目”、销售“养老产品”、宣称“以房养老”、代办“养老保险”、开展“养老帮扶”等名目侵害老年人合法权益的各类诈骗犯罪。通过畅通投诉举报渠道，严厉打击违法违规行为，切实维护老年消费者的合法权益，营造安全放心的消费环境。

第十二章 创新与服务

养老的基本宗旨是让老年人满意、让子女亲属放心，为政府社会分忧，在理念上达到，让老年人干自己想干的事情，让老年人享受到令人满意的服务，让老年人有舒适的环境与氛围，让老年人与子女亲属更融洽。其中，良好的服务是核心和关键。但目前在养老服务上，突出的问题制约了养老业的健康运行。其一，没有明确的养老服务业的服务标准和教义，体系指标不完善，学无方向，育无法则；其二，服务业专业水平差，专业人才少；其三，服务管理体制不健全、机制不完善，管理难度大；其四，服务投入少，涵养难以保障；其五，医疗资源有限，医养结合不够。克服这些短板问题，需要进一步加大创新力度，体系定位上更加精准完善，人才队伍上更加强化优化，投入支撑上更加雄厚牢固，才能促进养老宗旨理念得以落地实现。

一、服务定位

1. 内涵定位

定位指的是确定事物的方位或位置。在更广泛的意义上，定位也可以指将事物放在适当的地位并作出某种评价或认定。在某些情况下，定位还可以指一个人在做事情时擅长的、喜欢的或者经常做的方面。

养老服务的定位：养老服务的定位对于老年人本身、老年人的亲属及社会有不同维度的要求。

对于老年人本身的养老服务的定位：以老年人的需求为出发点，提供专业、个性化、细致、全面的服务，让老年人得到安心、舒适的养老体验。

对于老年人的亲属的养老服务的定位：注重服务品质、服务设施、服务流程、服务内容等方面的提升，满足不同老年人在不同场景下的个性化需求，能够提供解除亲属对老年人生命健康、感情缺失、缺乏关注（关爱）等顾虑的专业化养老服务。

对于社会的养老服务的定位：以更好的服务品质、服务设施和服务流程，弥补社会提供的兜底性养老服务的各种缺点和不足，确保老年群体身心健康、子女家庭和谐、年轻人创新创业安心。

2. 指标定位

表 12-1 至表 12-7 为各类养老服务指标体系。

表 12-1　一级养老服务指标体系

维度	一级指标
生存需要	日常生活照料服务
	医疗护理服务
	预防保健服务
	安全防护服务
关系需要	社交服务
	精神慰藉服务
成长发展需要	自我实现超越服务

表 12-2　A 类生存需要养老服务指标体系

一级指标	二级指标
日常生活照料服务	A1 家政服务
	A2 配送服务
	A3 代办、代购、代缴费服务
	A4 探访、陪护服务
	A5 便民维修服务
	A6 卫生照料服务
	A7 房屋租赁出售服务

表 12-3　B 类生存需要养老服务指标体系

一级指标	二级指标
医疗护理服务	B1 医疗电子健康信息
	B2 医生上门服务
	B3 护士上门服务
	B4 远程诊疗

表 12-4　C 类生存需要养老服务指标体系

一级指标	二级指标
预防保健服务	C1 健康评估与咨询
	C2 中医养生保健
	C3 健康运动服务
	C4 预防接种服务
	C5 常见疾病预防护理服务

表 12-5　D 类生存需要养老服务指标体系

一级指标	二级指标
安全防护服务	D1 一键通紧急呼叫器
	D2 紧急救护服务
	D3 智能家居设备
	D4 智能可穿戴设备
	D5 安全隐患排查服务
	D6 老人居家安全防范教育
	D7 防诈骗宣传教育
	D8 法律科普与法律援助

表 12-6　关系需要类养老服务指标体系

一级指标	二级指标
社交服务	E1 文化娱乐服务
	E2 线上交流服务
精神心理慰藉服务	F1 心理评估
	F2 心理咨询与疏导
	F3 心理治疗
	F4 亲子交流互动

表 12-7　成长发展需要类养老服务指标体系

一级指标	二级指标
自我实现超越服务	G1 养老互助端
	G2 线上学习端
	G3 远程老年大学服务
	G4 再就业服务
	G5 金融(资产增值)服务
	G6 志愿者服务

3. 管理定位

(1)养老服务管理体制

养老服务管理体制指在政府引导和社会参与下,制定实施的一系列方案设计、养老模式、政策实施等具体的制度安排,包括养老服务体系、养老服务制度、养老服务模式等。具体来讲,就是国家为满足老年人的养老需求而采取的各种养老服务政策,设立专门的养老服务管理机构,提出相应的管理理念,推动多种养老服务模式的发展,从行政和法律层面规定了养老服务工作的发展方向。

养老服务管理体制的构建应从以下几方面努力:一是要明确管理的责任单位,避免出现"九龙治水水不治"的问题。二是要加强养老服务政策体系建设、养老服务管理制度设计、养老服务监督制度设计、养老服务评价制度设计。三是要积极探索、发展和推广成熟的养老服务管理模式。

(2)养老服务管理机制

养老服务管理机制就是与养老服务内容相关的公共财政机制、与养老服务供给与需求主体相关的供需管理机制、与其服务对象自身相关的资质评估机制以及与养老服务资源配置相关的质量评估机制等。

养老服务管理机制的构建应从以下几方面努力:一是要解决养老服务的供需矛盾,通过政府引导与资助、社会组织协调、公民社会组织与社会实体共同生产提供、社区居民参与协助的"委托—合作—参与"模式,以参与主体合约制来保障持续性参与,加强供给主体参与的有序性来确保社区养老服务供给主体的可持续性参与,以求达到满足老年人口的养老需求,实现供需平衡。二是要加强养老服务资源的配置,加大资金投入、专业人才引育、基础设施建设和资源分配。三是要加强养老服务人员管理,促进服务人员提高职业素养、服务能力、沟通能力、风险防范水平等。

二、服务人才

1. 标准与规范

人才:具有一定的专业知识或专门技能,进行创造性劳动并对社会作出贡献的人,是人力资源中能力和素质较高的劳动者。他们能以创造性的劳动,对社会发展和人类进步作出较大贡献。此外,人才是分层次的,不仅包括知识超常的知识分子,还包括技能超常的能工巧匠、技术工人等,只要他们具有丰富的实践经验、相当水平的管理能力,都可以被视为人才。

养老服务专业人才:专门从事养老服务工作的专业人员,包括养老院工作人员、居家养老服务员、社区养老服务人员等。他们的主要职责是为老年人提供生活照料、健康护理、精神慰藉、康复训练等服务,以满足老年人日益增长的养老服务需求。

2. 专业与知识(素养)

专业知识和技能:养老服务专业人才应具备相关的专业知识和技能,如老年医学、心理学、社会学等,以便能够为老年人提供全面的养老服务。

良好的沟通和人际交往能力:养老服务专业人才需要与老年人及其家属进行有效沟通,了解他们的需求和意愿,提供个性化的养老服务。

强烈的责任感和关爱意识:养老服务专业人才应具备高度的责任感和关爱意识,愿意为老年人付出辛勤努力,关注他们的身心健康。

良好的团队协作和协调能力:养老服务人才需要与养老院、社区、家庭等多方进行协调和合作,共同为老年人提供优质的养老服务。

持续学习和提高的能力:随着养老服务的发展和老年人需求的变

化,养老服务专业人才需要不断学习和提高自己的专业知识和技能,以适应养老服务的新要求。

3. 适龄与结构

年轻化趋势:随着我国人口老龄化加剧,养老服务需求不断增长,越来越多的年轻人选择投身于养老服务行业,这使得养老服务专业人才的年龄结构呈现年轻化的趋势。

年龄分布广泛:养老服务专业人才的年龄分布较为广泛,有20多岁的年轻人、30多岁的中年人,甚至还有一些退休老人。他们根据自己的专业技能和兴趣,选择进入养老服务行业。

经验丰富的从业人员与新手并存:养老服务行业既需要具有丰富经验的从业人员,也需要一些新手来补充新鲜血液。经验丰富的从业人员通常具有较长时间的服务经验和良好的专业技能,而新手则需要通过不断学习和实践来提高自己的能力。

地区差异:不同地区的养老服务人员年龄结构可能存在差异。在一些发达地区,养老服务行业已经较为成熟,从业人员年龄相对较大;而在一些欠发达地区,养老服务人员可能以年轻人为主,随着行业的发展,这些地区的从业人员年龄结构将逐步发生变化。2023年4月,中国老龄科学研究中心和新疆建设兵团养老行业协会联合发布了养老服务专业人才状况专项调查报告。调查报告显示,养老服务专业人才以女性为主,各类受访者中女性占比约为82.3%。养老服务专业人才队伍年龄结构偏大,41～55岁年龄段的受访者占比为56%,56岁及以上占比为14.9%。养老服务专业人才身体健康状况整体较好。

通过对上海多所养老机构实地调查发现,养老护理从业人员呈现一定的基本人口特征:她们绝大多数为来自外省份农村地区的已婚女性,年龄偏大,受教育程度不高,其配偶或家庭成员也在同一座城市工作或生活,家庭整体收入偏低。受访的养老护理从业人员的年龄范围在29～67岁。其中一线的养老护理员中,年龄最大的为67岁,年龄最小的为 42 岁，以 45～55 岁的中老年为主体。40 岁以下的年轻人一般有更多的就业机会，他们从主观意愿上也不愿意从事养老护理员职业，因此 40 岁以下的年轻养老护理从业者较少。

三、服务保障

1. 待遇与水平

良好的薪酬待遇是确保服务人员提供专业养老服务的关键。以上海市为例，2023 年养老服务人员的薪酬要求如下：一是养老院的养老护理员，大多数养老院的护理员平均收入每月 5000～6000 元，多的每月 7000～8000 元，少的每月 4500～5000 元。二是住家养老护理员，一般是每月 5000～6000 元，多的有每月 7000～8000 元，更多的有每月 10000 元左右，平均月薪为 6500 元。三是医院养老护理员，为日薪，月收入平均为 8000 元；社区（日托中心）养老护理员，一般是每月 4000～5000 元，工作时间较少，强度也是最低的。滨州市专业养老服务人员目前的月薪为 4000～5000 元。随着服务水平和专业化要求的提升，期望的市场月薪会逐步提高。

2. 环境与管理

专业的人才培养需要为人才搭建良好的发展平台。一是应建立完善的服务人才培养体系，政府和社会各界应共同参与，包括设立养老服务专业院校，加强养老服务专业课程体系建设，提高养老服务人员的专业素质。二是要提供多元化的培训途径，除了传统的院校教育外，还可以通过线上培训、短期培训、继续教育等多种途径，为养老服务人员提供多元化的培训机会。三是要营造良好的职业环境，政府和社会各界应共同努力，为养老服务人员创造一个良好的职业环境。这包括提高养老服务人员的薪资待遇，加强社会保障，提高他们的职业归属感和荣誉感等。四是要建立完善的养老服务体系，为养老服务人员提供良好的工作平台和发展空间。五是要加强政策支持，鼓励和支持养老服务人员的发展，如提供培训补贴、优惠政策等。

3. 资金与保障

保障养老人才培育的质量，必须加强养老专业人才培育和发展的资金支持，应做到以下几点：一是加大政府财政支持力度，加大对养老服务产业的财政投入，用于支持养老服务设施建设、人员培训、技术创新等方面。二是鼓励和促进社会资本投资，鼓励更多的社会资本投资养老服务产业，通过设立基金、合作项目等方式，吸引更多的社会资本参与养老服务产业的发展。三是加强金融支持，鼓励金融机构加大对养老服务产业的金融支持，提供优惠贷款、保险等金融服务，降低养老服务产业的融资成本。四是加大税收优惠力度，政府应给予养老服务产业一定的税收优惠，降低企业的税收负担，促进养老服务产业的发展。五是加强国际合作与交流，引进国外先进技术和管理经验，提高我国养老服务产业的整体水平。

展望篇

第十三章　机遇与未来

加快形成新质生产力，推动经济高质量发展是时代的新命题，也为银发经济的发展带来了前所未有的良好机遇。银发经济的发展为新质生产力的形成提供了丰富的应用场景，新质生产力赋能银发经济的发展，新老年群体为银发经济发展提供强有力消费支撑，新型城镇化的不断推进为银发经济产业发展提供环境基础。

一、新质生产力

1. 新质生产力与银发经济

新质生产力是由技术革命性突破、生产要素创新性配置、产业深度转型升级而催生的当代先进生产力。它以劳动者、劳动资料、劳动对象及其优化组合的质变为基本内涵，以全要素生产率提升为核心标志。新质生产力具有高科技、高效能、高质量的特点，是创新起主导作用，摆脱传统经济增长方式、生产力发展路径的先进生产力质态，为各行各业带来了深刻的变革。新质生产力通过高科技、高效能、高质量的生产方式，为银发经济提供多样化的产品和服务。例如，智能家居、远程医疗、智能穿戴设备等新兴技术的应用，不仅提高了老年人的生活质量，还催生了银发经济中的新业态和新模式。这些新兴技术和产品满足了老年人对便捷、高效、个性化服务的需求，推动了银发经济的持续发展。

同时，银发经济作为一个庞大的市场，为新质生产力提供了广阔的发展空间。随着老年人口数量的增长和消费能力的提升，银发经济市场需求日益多样化、个性化。这促使新质生产力不断创新，开发适应老年人需求的新产品和服务。同时，银发经济也为新质生产力提供了试验田和验证平台，有助于新质生产力的快速迭代和升级。新质生产力与银发经济相互促进，共同推动社会经济的高质量发展。一方面，新质生产力通过科技创新和产业升级，提高银发经济的生产效率和服务质量；另一方面，银发经济市场需求的变化又反过来推动新质生产力的不断创新和发展。这种良性循环不仅促进了银发经济的繁荣，也为整个社会的经济转型升级提供了有力支撑。

2. 新质生产力赋能银发经济的方式

(1)推动智慧养老服务的普及与发展

智慧养老服务是指利用物联网、大数据、人工智能等技术手段，为老年人提供更加便捷、高效、个性化的养老服务。具体包括以下几方面：

智能穿戴设备与远程健康监测。智能穿戴设备能够实时监测老年人的生理指标，如心率、血压、血糖等，并将数据上传至云端平台进行分析和处理。一旦监测到异常情况，平台将及时通知家属或医疗机构，确保老年人得到及时救治。这不仅提高了老年人的健康管理水平，也减轻了家庭和社会的负担。

智能家居与智能安防系统。智能家居系统通过语音控制、手机App等方式实现家居设备的远程控制和自动化管理，为老年人提供更加便捷的生活体验。智能安防系统则通过实时监控和预警功能，保障老年人的居家安全。这些技术的应用将显著提升老年人的生活质量和安全感。

智能机器人与辅助护理。智能机器人能够协助老年人完成日常生活照料、辅助康复训练等工作。陪伴机器人能够提供情感陪伴和娱乐服务。护理机器人则能够协助老年人完成喂食、洗漱等日常护理任务。这些智能机器人的应用将有效缓解养老服务人员短缺的问题，提高养老服务的专业性和效率。

(2)促进科技养老服务的创新与升级

科技养老服务是指利用新兴技术提供多样化的养老服务，满足老年群体的不同需求。具体包括以下几方面：

线上医疗咨询与远程诊疗服务。线上医疗咨询平台能够为老年人提供便捷的医疗服务。老年人可以通过手机 App 或网页进行在线咨询和预约挂号；医生则可以通过视频通话进行远程诊疗和开具处方。这种服务模式将有效解决老年人看病难的问题，提高医疗资源的利用效率。

虚拟养老院与社区服务平台。虚拟养老院是一种利用互联网和大数据技术构建的在线养老服务平台。老年人可以在平台上选择所需的养老服务，如家政服务、健康管理、心理咨询等；平台则根据老年人的需求和偏好为其匹配合适的服务提供商。此外，虚拟养老院还可以与社区服务机构合作，共同为老年人提供更加全面的服务。这种服务模式将打破地域限制，实现养老服务的跨地域整合和优化。

老年教育与在线娱乐平台。随着互联网的普及和发展，老年教育和在线娱乐也成为科技养老服务的重要组成部分。老年教育机构可以提供在线课程和学习资源；在线娱乐平台则可以为老年人提供丰富的影视作品、音乐、游戏等资源。这些服务将丰富老年人的精神文化生活，提高他们的幸福感和满意度。

(3)强化数智化管理与服务优化

数智化管理是指利用大数据和人工智能技术实现养老服务的智能化管理和优化。具体包括以下几方面：

大数据分析与个性化服务。通过收集和分析老年人的健康数据、生活习惯等信息，人们利用大数据技术进行挖掘和分析，为老年人提供更加个性化的服务方案。例如，根据老年人的身体状况和兴趣爱好推荐合适的养生方法和娱乐活动。这将有助于提升养老服务的针对性和有效性。

人工智能辅助决策与支持。人工智能技术可以应用于养老服务的决策支持系统中，为管理者提供科学、合理的决策依据，通过智能算法分析老年人的需求和服务质量反馈，优化服务流程和提高服务效率。这将有助于提升养老服务的专业性和规范性。

物联网与智能化设备联动。物联网技术可以实现养老设备和服务的智能化联动。例如，通过智能手环监测老年人的生理指标并与医疗机构进行实时数据传输；通过智能家居系统实现家中设备的远程控制和自动化管理。这些技术的应用将显著提升养老服务的智能化水平和服务质量。

二、新老年群体

1. 新老年群体的消费特征

随着全球人口老龄化的趋势日益加剧，银发经济作为新兴的经济形态，正逐渐成为推动经济社会发展的重要力量。新老年群体，即“50后”“60后”及部分“70后”的老年人，他们具有较高的消费能力和多元化的消费需求，为银发经济的发展提供了广阔的市场空间。新老年群体作为银发经济的主要消费者，他们不仅具备较高的消费能力，而且消费观念也更加开放和多元。他们追求高品质的生活，注重健康养生，热衷旅游休闲，更加注重智能化产品和服务。随着科技的发展，新老年群体对智能化产品和服务的需求日益增加，他们希望通过智能化技术来提高生活的便捷性和舒适度，如智能穿戴设备、智能家居产品、远程医疗服务等受到他们的青睐。

2. 新老年群体的消费趋势

(1)健康养生消费持续升温

随着健康意识的提高,新老年群体在健康养生方面的消费持续升温。他们不仅关注基本的医疗保健服务,还愿意为高品质的保健品、养生产品等买单。此外,他们还热衷于参加各种健康讲座、养生课程等活动,以提高自己的健康素养。

(2)旅游休闲消费成为新热点

旅游休闲消费成为新老年群体新的消费热点。他们希望通过旅游来放松心情、开阔眼界、丰富生活体验。在旅游方式上,他们更倾向于选择高品质、个性化的旅游产品,如定制游、自驾游、邮轮游等。同时,他们也注重旅游过程中的舒适度和安全性。

(3)智能化产品和服务需求增加

随着科技的发展和应用,新老年群体对智能化产品和服务的需求不断增加。他们希望通过智能化技术来提高生活的便捷性和舒适度。例如,智能穿戴设备可以帮助他们监测健康状况;智能家居产品可以让他们更加便捷地控制家居设备;远程医疗服务可以让他们在家就能享受到专业的医疗服务。

(4)社交娱乐消费成为新趋势

社交娱乐消费成为新老年群体新的消费趋势。他们渴望通过社交活动来扩大自己的社交圈子、增进友谊和感情。在社交娱乐方式上,他们更倾向于选择兴趣小组、社区活动、老年大学等。同时,他们也关注各种文化娱乐活动和体育赛事等。

三、新型城镇化

1. 新型城镇化对银发经济的促进作用

随着我国经济的持续发展和城市化进程的加快,新型城镇化成为推动经济社会发展的重要力量。与此同时,人口老龄化的加速发展使得银发经济逐渐成为一个新兴的经济增长点。新型城镇化与银发经济的结合,不仅有助于提升老年人的生活质量,还能为经济发展注入新的活力。

(1)提升老年人收入水平

新型城镇化通过推动农村劳动力转移、促进产业升级等方式,提高了农村居民的收入水平。随着收入的增加,老年人的消费能力也随之提升,为银发经济的发展提供了市场基础。

(2)改善老年人生活环境

新型城镇化注重城市基础设施的完善和生活环境的提升,为老年人提供了更加宜居的生活环境。这不仅提高了老年人的生活质量,也促进了相关养老服务产业的发展。

(3)推动养老服务产业升级

新型城镇化背景下,随着老年人口的不断增加和养老服务需求的日益增长,养老服务产业逐渐成为一个重要的经济领域。新型城镇化为养老服务产业的发展提供了广阔的市场空间和政策支持,推动了养老服务产业的转型升级和创新发展。

(4)促进智能化技术在养老服务中的应用

新型城镇化推动了智能化技术的发展和应用,为养老服务提供了更加便捷、高效的技术支持。智能化技术的引入和应用,可以提高养老服务的效率和质量,满足老年人多样化的需求。

2. 新型城镇化背景下银发经济的机遇

(1)市场潜力巨大

随着人口老龄化的加速发展,老年人口规模不断扩大,银发经济市场潜力巨大。新型城镇化带来的收入增长和生活环境改善将进一步激发老年人的消费需求,为银发经济的发展提供强有力的市场支撑。

(2)政策支持力度加大

为了应对人口老龄化的挑战并推动银发经济的发展,国家和地方政府出台了一系列支持政策。这些政策为银发经济的发展提供了良好的政策环境和市场机遇。

(3)产业升级和创新发展

新型城镇化推动了养老服务产业的转型升级和创新发展。引入智能化技术、提高服务质量等方式,可以推动养老服务产业向高端化、个性化方向发展,满足老年人多样化的需求。

第十四章　方向与路径

在新时代，发展银发经济需充分借助先进科学技术和新的组织模式，而数字经济作为当今时代经济发展的重要驱动力，为银发经济的高质量发展提供了前所未有的机遇。银发经济兼具事业和产业双重属性，银发事业为银发产业奠定发展基础，银发产业助推银发事业高质量发展。因此，推动银发经济高质量发展，必须实现产业与事业的协同发展。同时，城市、乡村融合也为银发经济的高质量发展提供了路径和条件。

一、数字经济驱动

1. 数字经济驱动的方式

随着我国人口老龄化的加速发展，银发经济已成为一个新的经济增长点。数字经济作为当今时代的重要驱动力，为银发经济的高质量发展提供了前所未有的机遇。

一是扩大市场需求。数字经济的发展使得老年人能够更方便地获取信息和服务，从而激发其消费需求。通过智能手机、智能穿戴设备等智能终端，老年人可以随时随地享受便捷的购物、医疗、娱乐等服务。同时，数字经济还能为老年人提供更加个性化、定制化的产品和服务，满足其多样化的需求。

二是促进服务创新。数字经济为银发经济的服务创新提供了有力支持。大数据、云计算、人工智能等先进技术，可以对老年人的需求进行精准分析，为服务提供者提供更加准确的市场信息和客户画像。同时，智能技术的应用还能提高服务效率和质量，降低服务成本，推动银发经济的可持续发展。

三是优化资源配置。数字经济能够打破地域限制，实现资源的优化配置和高效利用。在银发经济领域，构建统一的数字平台和服务网络，可以实现养老服务的跨区域整合和共享。这不仅能够提高服务资源的利用效率，还能降低运营成本，为老年人提供更加便捷、高效的服务。

2. 数字经济驱动的路径

(1)加强基础设施建设

数字经济发展的前提是完善的基础设施建设。在银发经济领域，需要加强信息通信网络、数据中心、云计算平台等基础设施的建设和升级，为老年人提供更加便捷、高效的信息服务，同时还需要推动智能终端设备的普及和应用，让老年人能够更加方便地接入数字经济网络。

(2)拓展市场和人才培养

数字经济的发展需要不断拓展市场和加强人才培养。在银发经济领域，需要积极拓展老年消费市场，引导老年人树立新的消费观念和习惯，同时还需要加强人才培养和引进工作，培养一批具备数字技能和养老服务知识的复合型人才。通过培训和教育等方式提高从业人员的专业素养和服务能力，为银发经济的高质量发展提供有力保障。

(3)推动服务创新和技术应用

引入大数据、云计算、人工智能等先进技术，推动银发经济的服务创新和技术应用。利用大数据技术对用户行为进行分析和预测，为老年人提供更加精准的服务推荐和个性化定制。同时，加强智能穿戴设备、远程医疗等智能终端设备的应用和推广，提高老年人生活的便捷性和舒适度。

智慧养老平台是数字经济驱动银发经济高质量发展的重要体现之一。构建统一的智慧养老平台和服务网络，为老年人提供便捷、高效的养老服务。例如，某市智慧养老平台通过整合社区资源和服务力量，为老年人提供家政服务、健康管理、紧急救援等多种服务。同时，平台还利用大数据技术对用户行为进行分析和预测，为老年人提供更加精准的服务推荐和个性化定制。

智能穿戴设备是数字经济在银发经济领域的重要应用之一。通过佩戴智能手环、智能手表等智能穿戴设备，老年人可以实时监测自身的健康状况和运动数据。例如，某款智能手环能够实时监测心率、血压等生理指标并及时提醒用户注意健康状况。同时，智能手环还能与手机等智能终端设备连接实现远程控制和数据传输等功能，为用户提供更加便捷的服务体验。

二、产业、事业协同

1. 产业与事业协同发展的必要性

银发经济兼具事业和产业双重属性，银发事业为银发产业奠定发展基础，银发产业助推银发事业高质量发展。因此，推动银发经济高质量发展，必须实现产业与事业的协同发展。培育和发展银发经济，不仅关系到亿万老年人多样化的物质、精神文化需求，更影响经济结构和产业结构的调整优化，是实施积极应对人口老龄化国家战略和健康中国战略的应有之义。发展银发经济，归根结底是要适应老龄化带来的社会需求变化，更好地满足广大群众的物质文化和精神文化的需求，这是出发点和落脚点。

(1)事业为产业提供支撑

银发事业是银发经济发展的基础，包括基本养老服务、基本医疗健康服务等。这些服务是老年人生存和发展的基本保障，也是老龄产业发展的前提条件。只有不断完善老龄事业，提高服务质量和水平，才能为银发产业的发展提供稳定的市场需求和消费基础。

(2)产业促进事业高质量发展

银发产业是银发经济发展的重要驱动力。通过发展银发产业，可以引入市场竞争机制，提高服务供给效率和质量；同时，也可以推动技术创新和产品升级，满足老年人多元化、个性化的需求。这些都将促进银发事业的高质量发展，提升老年人的生活品质。

智慧健康养老示范项目：近年来，我国多地开展了智慧健康养老示范项目。这些项目通过引入智能穿戴设备、远程医疗等高科技手段，为老年人提供便捷、高效的健康管理和养老服务。这些示范项目的成功实施，不仅提高了老年人的生活质量，而且推动了智慧健康养老产业的发展。

旅居养老产业合作平台：为了满足老年人多样化的旅游需求，一些地区建立了旅居养老产业合作平台。这些平台通过整合旅游资源和服务机构，为老年人提供定制化、个性化的旅游产品和服务。这种旅居养老模式不仅丰富了老年人的精神文化生活，而且促进了旅游产业的发展。

康复辅具产业：随着老年人对康复辅具需求的增加，我国康复辅具产业得到了快速发展。一些企业通过技术创新和产品研发，推出了多种适合老年人使用的康复辅具产品。这些产品的广泛应用不仅提高了老年人的生活自理能力，而且推动了康复辅具产业的发展壮大。

2. 产业与事业协同发展的路径

(1)加强政策引导与规划

政府应制定和完善银发经济发展的相关政策与规划,明确发展目标、重点任务和保障措施,并通过政策引导,鼓励社会资本投入银发经济领域,推动产业与事业的协同发展。同时,政府还应加强规划指导,优化产业布局和结构,避免重复建设和资源浪费。

(2)推动供需两端协同发力

供需匹配是银发经济高质量发展的关键。在需求侧,政府应建立健全多层次养老保障制度体系,提高老年人的支付能力,同时还应引导家庭加大对银发消费的资助力度,激发老年人的消费需求。在供给侧,政府应鼓励企业加大研发投入,提高产品和服务质量,同时还应完善市场准入和退出机制,促进市场竞争和优胜劣汰。

(3)促进多业融合发展

银发经济涉及多个领域和行业,需要推动多产业融合发展。一方面,应加强养老产业与其他产业的融合,如医疗、旅游、文化等,形成复合型产品或服务;另一方面,还应推动不同养老服务模式之间的融合,如居家养老、社区养老和机构养老等,提高服务的综合性和便利性。

(4)发挥有效市场和有为政府作用

在银发经济发展过程中,我们既要发挥市场在资源配置中的决定性作用,又要发挥政府在政策引导、行业监管和公共服务等方面的作用。政府应通过完善法律法规、加强市场监管等措施,维护市场秩序和公平竞争,同时还应通过提供公共服务、支持科技创新等方式,促进银发经济的健康发展。

三、城乡融合

1. 城乡融合的必要性

城市银发经济发展现状：城市作为经济、文化、科技的中心，拥有较为完善的养老服务体系和丰富的养老资源。城市银发经济主要体现在高端养老服务、智能养老产品、健康管理等方面。随着科技的不断进步和消费者需求的多样化，城市银发经济不断创新发展，形成了较为成熟的产业链和市场体系。

乡村银发经济发展现状：相比城市，乡村银发经济发展相对滞后。受经济条件、基础设施、专业人才等因素制约，乡村养老服务供给不足，养老服务体系尚不完善。同时，乡村老年人收入水平相对较低，消费能力有限，难以支撑高端养老服务的发展。因此，乡村银发经济以基本养老服务和家庭养老为主。

(1)优化资源配置，缓解城市养老压力

随着城市化进程的加快，城市养老压力日益增大。通过城乡融合，可以将部分养老资源向乡村转移，缓解城市养老资源紧张的局面。同时，乡村优美的自然环境、清新的空气和宜居的生活环境也为老年人提供了理想的养老场所。

(2)满足多样化需求，提升养老服务质量

城市与乡村在养老服务方面各有优势：城市拥有高端养老服务和智能养老产品，而乡村则拥有宁静的生活环境和丰富的自然资源。城乡融合可以充分发挥各自优势，为老年人提供更加多样化、个性化的养老服务，提升养老服务质量。

(3)推动区域协调发展，促进社会和谐稳定

城乡融合不仅有助于促进银发经济的高质量发展，还有助于推动

区域协调发展。加强城乡之间的互动与合作,可以缩小城乡差距,促进社会公平和正义,增强社会凝聚力和稳定性。

2. 城乡融合的路径

(1)优化城乡资源配置

加强城乡基础设施建设:加大对乡村基础设施建设的投入力度,改善乡村道路、供水、供电、通信等条件,为银发经济的发展提供有力保障。

引导社会资本投入:通过政策引导和优惠措施吸引社会资本投入乡村银发经济领域,鼓励企业到乡村投资兴办养老服务机构或开发养老产品。

推动养老资源共享:建立城乡养老资源共享机制,促进城市优质养老资源向乡村流动和辐射。通过搭建养老服务平台或建立养老服务联盟等方式实现资源共享和优势互补。

(2)构建多层次服务体系

完善基本养老服务:在乡村地区推广家庭医生签约服务、日间照料中心等基本养老服务模式,满足老年人的基本生活需求。

发展特色养老服务:结合乡村自然资源和人文特色,发展乡村旅游养老、生态养老等特色养老服务模式,吸引城市居民到乡村养老消费。

推动智慧养老发展:加强乡村智慧养老基础设施建设,推广智能穿戴设备、远程医疗等智慧养老产品和服务,提高养老服务的智能化水平。

(3)加强城乡互动与合作

建立城乡养老服务合作机制:通过签订合作协议或建立养老服务联盟等方式加强城市与乡村之间的养老服务合作,实现资源共享和优势互补。

推动城乡老年人互动交流：组织丰富多彩的城乡老年人文化交流活动，增进相互了解和友谊，促进城乡老年人共同融入社会发展大局。

开展养老服务人员培训：加强对乡村养老服务人员的培训，提高他们的专业素养和服务能力，为乡村银发经济的高质量发展提供人才保障。

(4)推动科技创新与智慧养老

加强科技研发与应用：鼓励高校、科研机构和企业加强银发经济相关领域的科技研发，推动智能穿戴设备、远程医疗等先进技术的应用，提高养老服务的智能化水平。

构建智慧养老服务平台：整合城市与乡村的养老服务资源，构建统一的智慧养老服务平台，实现养老服务信息的互联互通和资源共享。

推广智慧养老示范项目：在城市与乡村地区推广智慧养老示范项目，通过示范引领推动智慧养老服务的普及和发展，提高老年人的生活质量和社会福祉。

第十五章　战略与投资

银发经济,即围绕老年群体消费需求而形成的经济活动总和,随着全球人口老龄化趋势的加剧,其发展前景广阔。在银发经济的未来投资中,我们应重点关注备老经济、智慧康养、老年用品以及老年教育这四个方面,它们各自具有独特的投资价值和市场潜力。

一、备老经济

备老经济,即"预备于老"的相关产业,是为老龄阶段做准备的一系列经济活动的总和。随着全球人口老龄化的加速发展,备老经济不仅成了一个重要的经济领域,更是一个充满潜力的投资方向。在备老经济方向,人们可以投资于养老社区、养老服务机构的建设与运营,以及养老产业链上下游的整合,如养老服务信息平台、老年护理培训机构等。此外,人们还可以关注老年友好型城市的建设,包括无障碍环境改造、社区医疗服务升级等。本节将从政策环境、市场需求、产业链构建、技术创新等多个维度进行分析,探讨备老经济未来的投资方向。

1. 政策环境:持续利好,促进发展

近年来,各国政府高度重视老龄化问题,纷纷出台了一系列政策措施,以支持备老经济的发展。在中国,随着《国务院办公厅关于发展

银发经济增进老年人福祉的意见》等文件的发布,银发经济(包括备老经济)已被纳入国家战略部署,为投资者提供了明确的政策导向和支持。一是提供财政税收优惠。政府通过提供财政补贴、税收减免等优惠政策,鼓励企业投资备老经济相关产业,降低企业经营成本,提升市场竞争力。二是加大基础设施建设。政府加大对养老设施、社区适老化改造等基础设施的投入,为备老经济提供了良好的硬件支持。三是强化市场监管与规范。建立健全老年产品和服务市场的监管体系,打击假冒伪劣产品,保护老年消费者的合法权益,营造良好的市场环境。四是加强人才培养与引进。鼓励高校和职业培训机构开设相关专业,培养老年护理、健康管理等专业人才,同时吸引海外高层次人才回国发展,为备老经济提供人才支持。

2. 市场需求:潜力巨大,持续增长

备老经济的市场需求来源主要有两个:一是老年人口数量的增加,二是老年人消费能力的提升。根据国家统计局的数据,截至2023年年末,中国60岁及以上人口已超过2.9亿人,占全国人口的21.1%,且这一比例仍在不断上升。随着老年人口基数的扩大和消费能力的提升,备老经济市场需求将持续增长。具体来说,备老经济市场需求主要包括以下几个方面:一是健康护理服务,包括医疗保健、康复服务、家庭护理等。随着老年人健康意识的提高和医疗技术的进步,健康护理服务需求将不断增加。二是养老服务,包括机构养老、社区养老、居家养老等。不同老年人有不同的养老需求,养老服务市场将呈现多元化、个性化的发展趋势。三是旅游休闲服务,老年旅游市场具有巨大的潜力。随着生活水平的提高和退休生活的丰富化,老年人对旅游休闲的需求不断增加。四是金融与保险服务,包括养老金、投资理财、保险等。老年金融与保险市场将随着老年人财富的增加和风险管理意识的提高而不断发展。五是教育文化服务,包括老年大学、图书馆、博物馆等。老年人对精神文化生活的追求日益增强,教育

文化服务将成为备老经济的重要组成部分。

3. 产业链构建:协同发展,优化布局

备老经济的产业链涉及多个环节,包括产品研发、生产制造、销售服务等多个方面。为了促进备老经济的健康发展,需要构建完善的产业链体系,实现上下游企业的协同发展。

(1)明确重点产业

根据市场需求和自身优势,明确重点发展的备老经济产业,如健康护理、养老服务、智能养老设备等。通过政策扶持和市场引导,推动这些产业快速发展。

(2)推动产业集聚

规划布局一批备老经济重点发展和示范地区,吸引相关企业入驻,形成产业集聚效应。通过产业集聚,可以降低企业运营成本,提高生产效率,促进技术创新和产业升级。

(3)完善配套服务

加强养老服务上下游产业配套,如医疗、康复、家政等服务业的协同发展。通过完善配套服务,提升养老服务的整体质量和水平,满足老年人的多样化需求。

(4)加强国际合作

积极引进国外先进的备老经济理念和技术,加强与国际市场的交流与合作。通过国际合作,可以借鉴国外成功的经验做法,提升我国备老经济的国际竞争力。

4. 技术创新:驱动发展,提升品质

技术创新是推动备老经济发展的重要动力。通过技术创新,可以提升产品和服务的质量,满足老年人对高品质生活的追求。

（1）完善智能养老设备

利用物联网、人工智能等前沿技术，研发智能养老设备，如智能穿戴设备、远程健康监测系统等。这些设备可以实时监测老年人的健康状况，提供便捷的医疗服务，提升老年人的生活质量。

（2）提供远程医疗服务

通过互联网技术，实现医疗资源的远程共享和医疗服务的远程提供。远程医疗服务可以打破地域限制，让老年人享受到更加便捷、高效的医疗服务。

（3）提供个性化定制服务

根据老年人的不同需求和特点，提供个性化定制服务，如定制化健康护理方案、个性化旅游服务等。个性化定制服务可以满足老年人的多样化需求，提升他们的满意度和幸福感。

（4）运用数据分析与挖掘技术

利用大数据技术，对老年人的消费习惯、健康状况等数据进行分析和挖掘。通过数据分析，可以更加准确清晰地了解老年人的需求，为老年人提供服务。

二、智慧康养

在人口老龄化趋势日益显著与科技日新月异的双重背景下，智慧康养作为融合了现代信息技术、健康管理、养老服务等多领域的新兴模式，正逐步成为未来社会发展的重要方向。它不仅是对传统养老模式的创新与升级，更是对老年人生活质量全面提升的重要途径。在智慧康养投资方面，人们可以投资于智能穿戴设备、远程健康监测系统、智能家居适老化改造等，以及基于大数据分析的个性化健康管理服务平台。此外，人们还可以关注智慧养老解决方案的研发与推广，如智能养老机器人、智能照护系统等。

1. 技术驱动的个性化服务

(1)精准健康管理

随着大数据、人工智能等技术的不断成熟,智慧康养将实现更加精准的健康管理。通过收集老年人的生理指标、生活习惯、遗传信息等数据,结合先进的算法模型,人们可以为每位老年人提供定制化的健康评估、疾病预警、干预建议等服务。这种个性化的健康管理方案,将大大提高老年人的健康水平和生活质量。

(2)智能穿戴设备与远程监控

智能穿戴设备将在智慧康养中发挥重要作用。未来的智能穿戴设备将更加轻便、舒适、多功能,能够实时监测老年人的心率、血压、血糖等生理指标,并通过无线网络传输至云端或医护人员终端。一旦监测到异常情况,系统将自动触发预警机制,及时通知家属或医护人员采取应对措施。此外,远程健康监测系统的普及也将使老年人在家就能享受到专业的医疗照护和紧急救援服务。

2. 跨界融合与服务创新

(1)医养康护一体化

智慧康养将推动医疗、养老、康复、护理等服务的深度融合。未来的智慧康养机构将不再是单一的服务提供者,而是成为集医疗、康复、护理、心理支持等多功能于一体的综合服务平台。引入先进的医疗设备和专业的医护团队,为老年人提供从疾病预防、治疗到康复、护理的全链条服务。同时,借助互联网和物联网技术,实现医疗资源的优化配置和共享利用,提高服务效率和质量。

(2)文化娱乐与心理关怀

除了生理健康需求外,老年人的精神文化需求同样重要。智慧康养将注重文化娱乐和心理关怀服务的提供。引入虚拟现实、增强现实等新技术，为老年人创造更加丰富的娱乐体验和学习机会；同时，设立心理咨询室和开展各类心理健康活动，关注老年人的心理健康问题，提供及时的心理疏导和干预服务。

3. 智能化管理与运营效率提升

(1)智能化管理平台

智慧康养将建立智能化的管理平台，实现养老服务的数字化、智能化管理。通过大数据分析和人工智能技术，对老年人的健康数据、服务需求、资源配置等信息进行实时监测和分析，为管理层提供科学决策依据。同时，通过智能化的服务调度和人员配置系统，提高服务响应速度和效率，降低运营成本。

(2)智能家居与智慧社区

智能家居和智慧社区的建设将进一步提升老年人的生活品质。智能家居系统可以通过语音控制、手机 App 等方式实现家电设备的远程控制和智能化管理；智慧社区则通过物联网技术将社区内的医疗、养老、文化、娱乐等资源进行有效整合和共享利用，为老年人提供更加便捷、全面的服务。此外，智慧社区还可以实现老年人的社交互动和邻里互助功能，增强老年人的归属感和幸福感。

4. 政策支持与社会参与

(1)政策扶持与规范引导

政府将在智慧康养发展中发挥重要作用。政府未来将继续出台一系列政策措施，扶持智慧康养产业的发展；制定相关标准和规范，引导行业健康发展；加强跨部门协作和资源整合，推动智慧康养服务的全面覆盖和深度发展。此外，政府还将加强对老年人权益的保护力度，确保他们在享受智慧康养服务过程中的合法权益得到保障。

(2)社会力量广泛参与

智慧康养的发展离不开社会各界的广泛参与和支持。未来将有更多的企业、社会组织、志愿者团体等投入智慧康养事业中来,为老年人提供更加多元化、个性化的服务。同时,家庭也将成为智慧康养的重要支撑力量,通过家庭成员的关爱和陪伴为老年人提供更加温馨、贴心的服务。

5. 面临的挑战与应对策略

(1)技术创新与隐私保护

在推动智慧康养发展的过程中,我们需要不断关注技术创新和隐私保护问题。一方面要加强新技术的研究和应用,推动智慧康养服务的智能化、个性化发展;另一方面要建立健全的隐私保护机制,加强对老年人个人信息的保护力度,防止信息泄露和滥用问题的发生。

(2)服务质量与标准化建设

智慧康养服务的质量和标准化水平直接关系到老年人的生活质量和满意度。未来需要建立健全的服务质量评估体系和标准化建设体系,对服务机构和服务人员进行严格监管和考核,确保服务质量和安全,同时加强行业自律和诚信建设,推动智慧康养服务的规范化、专业化发展。

(3)资金投入与可持续发展

智慧康养的发展需要大量的资金投入和长期运营。未来需要拓宽融资渠道,吸引更多的社会资本投入智慧康养领域,同时探索多元化的盈利模式,实现智慧康养服务的可持续发展;需要加强人才培养和引进工作,提高智慧康养服务人员的专业素养和服务水平,为智慧康养事业的发展提供有力的人才保障。

6. 未来投资方向

(1)智慧养老服务平台建设

智慧养老服务平台是连接老年人、服务机构、医疗机构等多方的重要桥梁。未来,投资者可以关注智慧养老服务平台的建设和运营。通过建设集服务、营销、管理、运营于一体的智慧养老服务平台,实现养老服务的智能化、信息化和标准化。同时,平台还可以提供数据分析、用户画像等功能,帮助服务机构更好地了解老年人的需求和服务效果。

(2)智能硬件设备的研发与推广

智能硬件设备是智慧养老的重要载体。未来,投资者可以关注智能穿戴设备、智能家居设备、智能康复设备等智能设备的研发和推广。通过不断迭代升级智能设备的功能和性能,满足老年人多样化的需求,提高养老服务的质量和效率。同时,投资者还可以关注智能硬件设备在医疗、康复等领域的应用拓展,推动跨界合作和产业融合发展。

(3)远程医疗与健康管理服务

远程医疗与健康管理服务是智慧养老的重要组成部分。未来,投资者可以关注远程医疗平台的建设和运营,以及健康管理服务的推广。通过建设远程医疗平台,可以实现医疗资源的优化配置和共享利用;通过推广健康管理服务,可以为老年人提供个性化的健康管理和预防保健服务。

三、老年用品

未来,老年用品的投资将是一个充满机遇与挑战的领域,随着全球人口老龄化的加剧,老年用品市场正以前所未有的速度增长。老年用品未来的投资方向将围绕技术创新与智能化发展、个性化与定制化服务、产业链整合与协同发展、政策导向与市场机遇以及品牌建设与国际化战略等多个方面展开。投资者应密切关注市场动态和政策变化，积极把握发展机遇。通过不断创新和优化产品和服务模式，提高市场竞争力和品牌影响力，共同推动老年用品产业的持续健康发展。投资者可以关注老年辅助器具（如助听器、助行器、轮椅等）、老年服饰（注重舒适性与功能性）、老年食品（低糖、低脂、易消化食品）、老年保健品及药品的研发与生产。同时，随着老年人精神文化需求的增加，投资者还可以投资于老年旅游、老年娱乐等相关产业。总之，随着全球人口老龄化的不断加剧和老年群体的不断扩大，老年用品市场将迎来更加广阔的发展前景和更加丰富的投资机会。

1. 技术创新与智能化发展

(1)智能化产品的普及

随着物联网、人工智能、大数据等技术的不断成熟，老年用品的智能化将成为不可逆转的趋势。智能化产品不仅能提升老年人的生活质量，还能减轻照护者的负担。例如，智能穿戴设备可以实时监测老年人的健康状况，紧急呼叫系统能在老年人遇到危险时迅速响应，智能家居系统则能让老年人的日常生活更加便捷。投资者应关注这些智能化产品的研发与生产，以及它们在老年用品市场的应用推广。

(2)技术融合与跨界创新

未来，老年用品的投资将更加注重技术的融合与跨界创新。例如，将医疗技术与老年用品相结合，开发出具有医疗监测、康复辅助等功能的智能产品；将娱乐休闲与老年用品相结合，创造出适合老年人使用的智能娱乐设备。这种跨界创新不仅能够满足老年人多样化的需求，还能拓展老年用品市场的边界。投资者应密切关注技术动态和市场趋势，积极寻找跨界合作的机会。

2. 个性化与定制化服务

(1)精准定位市场需求

随着老年群体的不断扩大,其需求也日益多样化、个性化。投资者应深入调研老年群体的需求特点,精准定位市场需求,开发出符合老年人需求的产品和服务。例如,针对行动不便的老年人,可以研发具有辅助行走、坐卧转换等功能的轮椅和护理床;针对有健康监测需求的老年人,可以推出集成多种传感器、具备实时监测和预警功能的智能手环等。

(2)定制化服务模式的推广

除了产品本身的个性化外,定制化服务模式也将成为未来老年用品市场的重要发展方向。投资者可以探索建立老年用品定制化服务平台,根据老年人的具体需求和身体状况,提供个性化的产品配置和服务方案。这种服务模式不仅能够提高老年人的满意度和忠诚度,还能增强企业的市场竞争力。

3. 产业链整合与协同发展

(1)上下游企业的紧密合作

老年用品产业链涉及多个环节,包括原材料供应、产品设计、生产制造、销售服务等。为了提高产业链的整体效率和竞争力,投资者应推动上下游企业之间的紧密合作。通过资源共享、优势互补,实现产业链的协同发展。例如,原材料供应商可以与产品设计企业合作,共同研发出符合老年人需求的新材料;生产企业可以与销售商合作,共同推广老年用品产品。

(2)产业链延伸与拓展

除了传统的老年用品生产和销售外,投资者还可以考虑将产业链延伸到相关服务领域。例如,建立老年用品租赁和回收体系,降低老年人的使用成本;开展老年用品维修和保养服务,延长产品的使用寿命;提供老年健康咨询和健康管理服务,满足老年人的健康需求。这些延伸服务不仅能够增加企业的收入来源,还能提升企业的品牌形象和市场竞争力。

4. 政策导向与市场机遇

(1)国家政策的支持与引导

近年来,各国政府纷纷出台了一系列政策来支持老年用品产业的发展。这些政策包括财政补贴、税收优惠、技术研发支持等,为老年用品产业提供了良好的发展环境。投资者应密切关注国家政策的动态变化,把握政策红利带来的发展机遇。例如,可以关注政府支持的老年用品研发项目、市场推广活动等,积极参与其中并争取政策支持。

(2)市场需求的持续增长

随着老年人口的不断增加和老年人消费观念的转变,老年用品市场的需求将持续增长。特别是随着生活水平的提高和健康意识的增强,老年人对高品质、智能化、个性化的老年用品需求将更加旺盛。这为投资者提供了广阔的市场空间和发展机遇。投资者应深入挖掘市场需求潜力,开发出符合市场需求的产品和服务。

5. 品牌建设与国际化战略

(1)品牌建设的重要性

品牌是企业的核心竞争力之一。在老年用品市场中,品牌建设同样至关重要。投资者应注重品牌形象的塑造和品牌价值的提升,通过优质的产品和服务赢得消费者的信任和认可,同时还可以考虑通过品牌合作、跨界营销等方式扩大品牌影响力,提高市场占有率。

(2)国际化战略的实施

随着全球化的不断深入和国际贸易的不断发展,老年用品市场也呈现出国际化的趋势。投资者可以考虑将目光投向国际市场，通过出口贸易、海外投资等方式拓展海外市场。在实施国际化战略时，投资者应注重了解目标市场的文化习惯和消费特点，开发出符合当地市场需求的产品和服务，同时还需要加强与国际同行的合作与交流，共同推动老年用品产业的国际化发展。

四、老年教育

随着全球人口老龄化的加速发展，老年教育作为应对老龄化社会挑战的重要手段，其重要性和发展前景日益凸显。老年教育的投资应着手于老年大学、社区学习中心的建设与运营，以及在线老年教育平台的开发。教育内容可以涵盖知识普及、技能培训、兴趣培养等多个方面，如书法、绘画、音乐、舞蹈、计算机操作、智能手机使用等。此外，投资者还可以关注老年心理健康教育的推广，帮助老年人更好地适应晚年生活。未来，老年教育领域的投资方向将围绕完善供给机制、创新教育模式、提升教育质量及满足老年人多样化需求展开。

1. 完善保障机制，优化供给环境

(1)强化政策支持和机制建设

老年教育的发展离不开政府的政策支持和机制保障。未来，各级政府应继续加大对老年教育的投入，建立老年教育发展协调委员会，统筹各方力量，集中资源开展老年教育。通过制定相关政策和制度，明确老年教育的管理体制和职责分工，将老年教育工作纳入各级政府的教育督导考核内容和创建教育现代化城市的重要指标，形成发展老年教育的支持性政策环境。

(2)多元化经费投入机制

老年教育的可持续发展需要多元化的经费来源。政府应设立老

年教育专项经费,并加大在公共财政中的投入比例,同时鼓励企事业单位、社会团体、慈善机构等社会力量参与老年教育事业,探索"政府拨款+社会办学/助学+学费"的多元化财力保障体系。这种机制既能减轻政府财政负担,又能动员社会资源,共同推动老年教育的发展。

2. 创新教育模式,提升教育质量

(1)在线教育平台的开发与推广

随着互联网技术的普及,在线教育成为老年教育的重要补充形式。未来,投资者应关注在线教育平台的开发与推广,利用互联网和移动技术,打破地域和时间限制,为老年人提供更加便捷、灵活的学习方式。在线教育平台可以涵盖丰富多样的课程,包括文化、艺术、科技、健康养生等,满足老年人多样化的学习需求。

(2)课程内容与形式的创新

老年教育的内容应贴近老年人的实际需求,注重实用性和趣味性。同时,教学形式也应不断创新,采用讲座、研讨、实践、竞赛等多种形式提高老年人的参与度和学习兴趣。通过引入互动式教学、项目式学习等先进教学方法,增强教学效果,提升教育质量。

(3)师资力量的培养与引进

优秀的师资力量是老年教育质量的重要保障。未来,投资者应加大对老年教育师资力量的培养和引进力度。通过举办培训班、研讨会等活动,提升现有教师的专业素养和教学能力;积极引进具有丰富教学经验和专业知识的优秀人才,充实老年教育的师资队伍。此外,人们还可以探索建立老年教育志愿者队伍,鼓励社会各界人士参与老年教育事业。

3. 满足老年人多样化需求，提升生活质量

(1)精准把握老年人需求

老年人的学习需求具有多样性和差异性。未来，投资者应深入调研老年人的学习需求，了解他们的兴趣爱好、学习习惯和接受能力等方面的差异，为老年人提供更加精准的教育服务。例如，针对女性老年人可以开设唱歌、跳舞、模特等娱乐活动课程；针对男性老年人可以开设时政、书法等课程；针对低龄老年人可以开设舞蹈等团体性活动课程；针对高龄老年人可以开设关爱生命、心理健康等课程。

(2)推动老年教育社区化

社区是老年人生活的重要场所，也是老年教育的重要阵地。未来，投资者应推动老年教育社区化，将老年教育资源下沉到社区，让老年人在家门口就能接受到优质的教育服务。通过建设社区老年学校、老年活动中心等场所，为老年人提供学习、交流、娱乐的平台。同时，加强与社区医疗机构、文化机构等的合作，为老年人提供更加全面的服务。

(3)倡导积极老龄化理念

积极老龄化理念强调老年人应积极参与社会活动，保持身心健康，提高生活质量。未来，投资者应积极倡导积极老龄化理念，通过老年教育引导老年人树立积极的生活态度和价值观，通过组织各类文化、体育、志愿服务等活动，让老年人在参与中感受到快乐和获得成就感，提高他们的社会参与度和幸福感。

4. 加强行业监管与风险防控

(1)完善行业监管体系

老年教育行业的健康发展离不开完善的监管体系。未来，政府应加强对老年教育行业的监管力度，建立健全行业标准和规范体系，并

通过加强对老年教育机构的资质审核、教学评估和质量监管等环节的管理，确保老年教育市场的规范有序发展。

(2)加强风险防控

老年教育行业面临着政策、市场、技术等多方面的风险。未来，投资者应加强对风险的防控，建立完善的风险预警和应对机制，通过深入研究市场需求、政策动态和技术发展趋势等因素的变化情况，及时调整投资策略和风险控制措施，确保投资项目的稳健运行。

参考文献

[1]世界卫生组织.全球老年友好城市建设指南[EB/OL].(2007-12-31)[2019-5-7].https://who－cc.dk/ageing/age_friendly_cities_guide/zh/index.html.

[2]上海市质量技术监督局.老年友好城市建设导则:DB31/T 883—2015[S].上海:上海市质量技术监督局,2015.

[3]广西壮族自治区质量技术监督局.老年人宜居社区建设规范:DB45/T 1607—2017[S].南宁:广西壮族自治区质量技术监督局,2017.

[4]上海市质量技术监督局.老年宜居社区建设细则:DB31/T 1023—2016[S].上海:上海市质量技术监督局,2016.

[5]上海市质量技术监督局.乡村振兴示范村建设指南:DB31/T 1109—2018[S].上海:上海市质量技术监督局,2018.

[6]彭玥.打开大门,与"院外老人"共享资源[N].上海老年报,2018-08-04(6).

[7]胡苏云.从老年人视角看"国际老年友好城市"[N].文汇报,2018-05-23(5).

[8]郭钇杉.拥抱长寿时代"银发经济"[N].中华工商时报,2024-02-06(4).

[9]彭希哲,陈倩.中国银发经济刍议[J].社会保障评论,2022,6(4):49-66.

[10]郭志强.老龄产业难点如何变亮点　国常会聚焦银发经济发展壮大[J].中国经济周刊,2024(1):64-66.